8° J
6812

UNE CARRIÈRE PHILOLOGIQUE

EN ROUMANIE

(1885–1900)

I

LES PÉRIPÉTIES D'UNE NATURALISATION

MÉMOIRE AUTO-BIOGRAPHIQUE

PAR

Lazare Şainéan

DOCTEUR ÈS LETTRES
ANCIEN PROFESSEUR-SUPPLÉANT À L'UNIVERSITÉ DE BUCAREST
LAURÉAT DE L'UNIVERSITÉ ET DE L'ACADÉMIE ROUMAINE

BUCAREST
CHEZ ÉMILE STORCK
58, CALEA VICTORIEI, 58

PARIS
CHEZ LAROUSSE
58, RUE DES ÉCOLES, 58

1901

UNE CARRIÈRE PHILOLOGIQUE

EN ROUMANIE

(1885–1900)

I

LES PÉRIPÉTIES D'UNE NATURALISATION

MÉMOIRE AUTO-BIOGRAPHIQUE

PAR

LAZARE ŞAINÉAN

DOCTEUR ÈS LETTRES
ANCIEN PROFESSEUR-SUPPLÉANT À L'UNIVERSITÉ DE BUCAREST
LAURÉAT DE L'UNIVERSITÉ ET DE L'ACADÉMIE ROUMAINE

BUCAREST
ÉMILE STORCK, LIBRAIRE-EDITEUR
53, CALEA VICTORIEI, 53
1901

A ma douce petite fille

Elisabeth

quand elle aura l'âge de comprendre ces pages douloureuses de la vie de son père...

> Heureux les gens à qui le sort a fait la faveur d'habiter des pays qu'un gouvernement juste abrite sous ses ailes! J'aurais été ravi, moi aussi, s'il m'eût été donné de partager, une heure au moins, un tel bonheur, et de vivre en un semblable pays. Mais malheur à moi d'être né sur cette terre roumaine, dans laquelle, jusqu'à l'âge que j'ai atteint, je n'ai vu ni justice, ni trace de justice. Sujets de louange, je n'en ai pas trouvés, pas même un seul; sujets de blâme, en revanche, par millions.
>
> **Zilot le Roumain** (1800).

Voici juste un siècle que ces réflexions, tristes et désolées, tombaient de la plume d'un des plus nobles fils de la Roumanie. Depuis lors, le rêve de cet ardent patriote s'est realisé, comme par enchantement ; et la Roumanie constitue aujourd'hui, dans l'Orient de l'Europe, un important facteur politique et social. Le despotisme turc et la tyrannie des princes appartiennent au passé, et ne revivent plus que dans les pages de l'histoire. Notre pays est devenu un foyer de lumières et de justice. Notre roi est l'équité et la clémence même.

Comment se fait-il alors qu'un autre fils de cette même patrie se voie contraint, au seuil du XXe siècle, d'articuler encore les mêmes plaintes que le patriote d'autrefois ?

C'est que la merveilleuse transformation qui s'est opérée sur notre sol, s'est effectuée trop rapidement et n'a pu atteindre, jusqu'à présent, que la surface de notre société ; les cœurs et les esprits n'ont pas encore été

régénérés dans leur tréfonds, au point de se débarrasser complètement des influences funestes du passé. Le paysan, il est vrai, — et c'est lui qui forme le substrat fondamental de la nationalité roumaine — a conservé jusqu'à nos jours, en dépit des invasions et des régimes divers, une âme généreuse et tolérante ; mais on n'en saurait dire autant des couches sociales qui se sont superposées à lui et constituent aujourd'hui les classes dirigeantes.

Elles ont beau dominer, il leur est resté quelque chose du servilisme séculaire qui les a viciées pour longtemps encore.

Rien d'étonnant donc, si cette classe, où se recrute la Roumanie officielle, parait avoir dans l'esprit de profondes lacunes. Vous l'entendrez, par exemple, porter les jugements les plus sains sur les phénomènes sociaux et les institutions des autres peuples. D'un coup d'œil elle en découvrira les défauts et les inconvénients. Mais, aussitôt qu'il s'agira de son propre milieu, elle perdra la claire vision des choses et, aveuglée par son amour propre, elle verra tout sous un faux jour : le mérite deviendra démérite, les capacités un fléau...

C'est une page extrêmement affligeante de l'histoire de la Roumanie contemporaine que j'offre ici aux méditations du lecteur. Il y trouvera, impartialement relatées, les péripéties douloureuses et humiliantes, par lesquelles doit passer celui qui aspire au droit de citoyen roumain, le seul droit qui puisse mettre un homme à l'abri d'une expulsion arbitraire de son propre pays.

Le cas est typique en soi.

Voici un homme qui est né dans le pays, qui a été élevé dans les écoles du pays, couronné par les premières institutions de haute culture du pays, qui a été professeur à l'Université et à l'École Normale Supérieure, qui est l'auteur d'une œuvre scientifique qui fait honneur au nom roumain ; — vous pensez que ces titres sont plus que suffisants pour qu'on ne lui marchande pas le droit à l'indigénat ? Détrompez-vous : il sera, pendant douze ans, victime de l'arbitraire substitué à la loi, le point de mire des traits perfides d'une bande de chauvins aveuglés.

Voici le résumé des illégalités que l'on commettra contre lui : rejeté deux fois et admis une fois au Sénat, il sera alternativement reçu et repoussé par la Chambre [1]); admissions et rejets, votés dans des conditions légales absolument identiques.

Et ce jeu criminel avec la loi fondamentale du pays, cette violation formelle de la Constitution par ceux-mêmes qui sont appelés à l'appliquer, dureront douze longues années ; — triste comédie, où l'on jouera la vie et l'avenir d'un homme, et qui se terminera par l'exclusion définitive d'un philologue *roumain* du sein de la nationalité roumaine.

Et voilà comment un homme de science, après avoir consacré à la langue et à la littérature roumaines tout l'enthousiasme de sa jeunesse et toute la vigueur de son âge mûr, se verra obligé, à quarante ans passés, d'errer à la recherche d'une patrie...

Se représente-t-on — *si parva licet componere magnis* — un savant comme Arsène Darmesteter, ayant donné à son pays les grands travaux que l'on sait, se voyant ensuite refuser le droit à l'indigénat et forcé de prendre le chemin de l'Étranger ?

C'est pourtant là ce qui m'est arrivé.

Tout homme dont le cœur sait encore compâtir aux vraies souffrances, comprendra la profonde affliction que j'éprouve, en me voyant contraint de quitter à cet âge ce sol deux fois sacré pour moi — puisque j'y suis né et que mes parents y reposent — et de m'arracher du sein de ce peuple roumain, dont la langue et la pensée ont formé l'objet continuel de mes veilles. C'est là, n'est-ce pas, un cruel sacrifice ? Et cependant, à cette heure grave et décisive de ma vie, mon âme ne ressent aucune espèce d'amertume contre la nation roumaine comme telle, car elle ne peut et ne doit pas être rendue res-

---

1) Voyez la note de la page 3.

ponsable de la conduite indigne de quelques politiciens égarés, dont la dernière ambition semble être de la compromettre aux yeux du monde.

Que la honte en retombe donc sur eux seuls ; — bien que de pareils attentats contre la civilisation et la dignité humaine trahissent toujours, dans l'État qui les tolère, une certaine pourriture : *Something is rotten in the State of Denmark....*

Un mot encore pour conclure.

Ces derniers temps, on a beaucoup discuté en Roumanie l'éventualité d'une révision de l'article VII de la Constitution.

La *Nouvelle Revue Roumaine,* l'une des plus lues, s'est faite l'écho des opinions, émises par quelques célébrités européennes, sur l'opportunité d'accorder aux Juifs l'égalité complète.

Malheureusement, les considérations de ces divers écrivains sont : ou trop générales pour présenter la question sous son véritable aspect, ou trop théoriques pour l'élucider suffisamment.

Pour mettre en relief le vrai caractère du problème, c'est moins des appréciations subjectives et abstraites qu'il faudrait, que des choses vécues, des faits conformes à la pure vérité.

Ce mémoire ne poursuit d'autre but que d'offrir au lecteur un pareil document humain, véridique illustration de la réalité, prise sur le vif.

10 février, 1901.

En 1887 j'ai pris ma licence ès lettres à l'Université de Bucarest. Ma thèse intitulée *Essai sur la Sémasiologie de la langue roumaine* traitait une matière neuve en soi ; ce fut même la première étude systématique que l'on eut publiée sur une science que M. Bréal avait introduite en France sous le nom de *Sémantique* ou Science des significations, terme qui a fait fortune depuis. Par la solidité des recherches et l'originalité des aperçus, ce travail ne manqua pas d'attirer l'attention des spécialistes, et l'Université de Bucarest, devant laquelle la thèse fut soutenue, lui décerna le prix Hillel de 5000 francs.

M. Démètre Stourdza était alors ministre de l'Instruction publique. Ayant lu la conclusion de l'ouvrage (où je passe en revue les catégories idéales du vocabulaire roumain), il s'intéressa à l'auteur et pria M. Hasdeu, le grand savant roumain, mon ancien maître, de le lui présenter. C'est ainsi que je fus mis en rapport pour la première fois avec cet homme d'Etat, appelé, comme on verra, à jouer un certain rôle dans la tragi-comédie de ma vie.

A ce moment-là, M. Stourdza m'accueillit avec beaucoup de bienveillance et après quelques banalités élogieuses à l'adresse de ma thèse, me dit entre autres ceci: «Monsieur Sainéan, vous pouvez aller tranquillement terminer vos études à l'Etranger. Que le cas du docteur Gaster ne vous inquiète pas: au retour, soyez en sûr, nous vous recevrons les bras ouverts».

Pour comprendre la portée de ces paroles, je dois ajouter que le docteur Gaster, le littérateur roumain bien connu, avait été expulsé de son pays en 1885 par le Conseil des ministres sur la proposition expresse de M. Stourdza, sous prétexte qu'il aurait fourni à l'Etranger des renseignements sur la situation des Juifs en Roumanie, mais en réalité parce que les théories scientifiques de M. Gaster ne convenaient pas aux tendances latinomanes de M. Stourdza. Quinze ans après cette expulsion, ces deux hommes qui ont également mérité de la patrie — bien qu'ils se soient distingués dans des directions pour ainsi dire opposées — se sont rencontrés de nouveau à une solennité extraordinaire, au centenaire de l'Académie de Berlin, où ils avaient été délégués pour représenter officiellement, l'un l'Académie Roumaine, l'autre la Société Asiatique de Londres. C'est là qu'ils fêtèrent amicalement leur «doux revoir».

Accompagné donc des vœux de M. Stourdza, je partis pour l'Etranger, où, pendant deux ans, d'abord à Paris et ensuite à Leipzig, je me consacrai spécialement à l'étude de la philologie comparée. Après avoir fréquenté à Paris l'École des Hautes-Études pour les langues romanes, et l'École des langues orientales pour les idiomes balcaniques, je me rendis à Leipzig, où je passai mon doctorat en philosophie, en soutenant une thèse, dont le sujet était emprunté aux traditions populaires roumaines — *Les Jours d'Emprunt ou les Jours de la Vieille* — étude qui fut publiée dans la *Romania* de M. Gaston Paris (1889).

Déjà avant de partir pour l'Etranger, je m'étais fait connaître par quelques travaux spéciaux de linguistique et de mythologie. Ma nouvelle publication, appréciée de la critique étrangère, fut saluée avec beaucoup d'éloges par la presse roumaine.

Présenté à notre public sous d'aussi favorables auspices, je m'attendais à un accueil sympathique.

Rentré au pays au mois de juin 1889, je fus aussitôt nommé suppléant de M. Hasdeu à sa chaire de la Faculté de lettres, suppléant «honoraire», comme il le dit lui-même dans sa demande au ministre de l'Instruction publique. Mais comme j'étais pauvre et que je ne pouvais pas vivre seulement de la gloire rayonnante que répandait sur moi un illustre maître, je demandai une autre suppléance (salariée celle-là), fût-ce à une école secondaire. Eh bien, malgré toute ma réputation, j'ai rencontré la plus vive opposition : le secrétaire général au ministère de l'Instruction publique, Etienne Mihaïlesco, professeur de sciences naturelles, décédé depuis, alla jusqu'à menacer de sa démission, si j'étais nommé. Il est de mon devoir d'ajouter, cependant, à l'honneur de sa mémoire, qu'il a fini par céder et qu'il s'est félicité plus tard de m'avoir eu pour collègue. Toujours est-il que, sans l'insistance énergique de feu M. Odobesco, l'éminent archéologue, qui avait fait de ma juste cause une question personnelle, j'en étais réduit au pâle reflet d'une succession glorieuse.

I.

Mes premières démarches pour obtenir la naturalisation [1]) coïncident précisément avec l'ouverture de mon cours à l'Université (1889). Enveloppé d'une atmosphère de sympathie et d'estime, j'étais loin alors, bien loin de prévoir les péripéties douloureuses par lesquelles j'aurai à passer en m'engageant dans cette nouvelle *via dolorosa*. Absorbé par mes études, j'étais resté tout à fait étranger aux agitations de nos partis politiques. Dans mon igno-

1) La naturalisation s'accorde, en Roumanie, en vertu d'une loi et individuellement. Le projet de loi doit être voté successivement par les deux Corps législatifs et obtenir : à la Chambre la majorité et au Sénat les deux tiers des voix exprimées. Tous les non-orthodoxes, même ceux qui sont nés dans le pays, sont officiellement considérés comme étrangers. Seule, la qualité de citoyen roumain, qui implique la possession des droits politiques, préserve de l'éventualité d'une expulsion arbitraire, par simple décret ministériel, et confère le droit d'exercer une carrière libérale comme celle d'avocat et de professeur.

rance des hommes et des choses, je m'imaginais alors que le droit de cité qui s'accorde au premier venu, ne pourrait être refusé à un homme qui consacre ses veilles aux progrès intellectuels de la nation. Je ne savais pas encore que plus on a des mérites réels, plus on vous rend épineuse la voie qui mène à la naturalisation. J'ai expié, hélas ! amèrement cette naïve illusion. Que de fois j'ai gravi depuis le calvaire qui conduit au Capitole des indigénats et, à chaque descente, il me semblait qu'un lambeau de ma dignité s'en allait...

Mais reprenons le fil de notre récit.

Ma demande de naturalisation présentée au Sénat en 1890 [1]), j'allai rendre visite au Président, feu M. Kretzoulesco, qui me conseilla amicalement de ne pas presser les choses et de remettre le projet à la session prochaine, car c'est un vieil usage que de recommander cette attitude expectative aux candidats à la naturalisation. Préoccupé de mes travaux d'une part, plein de confiance d'autre part dans le succès final de mes démarches, je suivis le conseil qui m'était donné et me décidai à renvoyer à l'année prochaine la solution de la question.

Entre temps, des changements nombreux et considérables s'étaient produits dans ma position. Après avoir, pendant un an, enseigné le latin au lycée «Lazare», je fus nommé, à partir du 1 septembre 1890, professeur suppléant à la chaire de langue et de littérature roumaines, pour le cours supérieur qui venait d'être inauguré à la même école. Cette dernière nomination portait la date de 29 mai 1890. Mais il ne se passa pas une semaine que je reçus du ministère une autre adresse, datée du 4 juin, par laquelle on m'informait, qu'en considération de mes titres et de mes travaux littéraires, («par lesquels — disait cette lettre officielle — vous avez fait preuve de vastes connaissances dans la philologie rou-

---

1) Ma première demande faite en 1887, la veille de mon départ pour l'Etranger, resta dans les cartons du ministère de la justice jusqu'à mon retour, en 1889.

maine»), j'étais transféré du cours supérieur du lycée «Lazare», où je n'arrivai même pas à entrer en fonction, à la chaire d'histoire et de littérature roumaines, nouvellement créée à l'Université de Bucarest et prévue au budget de cette année.

Ce n'est pas moi, qu'on le sache bien, qui ai sollicité cette dernière nomination : elle m'a été en quelque sorte octroyée à la place de ma chaire au lycée, où il s'agissait de placer un favori du jour, ex-précepteur du prince Ferdinand. Mais si je ne l'avais pas demandée, je ne pouvais pas non plus la refuser, d'autant plus qu'elle répondait à mes études. Le titre hybride de ce cours se ressentait de l'ignorance de son créateur et présentait un malheureux accouplement : chacune de ces deux disciplines, l'histoire et la langue, réclamant des connaissances spéciales.

A dire vrai, on ne pouvait trouver nulle part un candidat apte à remplir parfaitement cette double tâche, d'être à la fois historien et philologue. Il était donc nécessaire que le professeur appelé à cette chaire cultivât spécialement l'une ou l'autre de ces deux sciences, l'histoire ou la langue, selon la nature de ses études. C'est évident. Mais dans le cas qui nous occupe, les choses ne se présentaient pas tout à fait ainsi. L'histoire roumaine jusqu'à l'an 1600, et en particulier l'époque des origines et celle du moyen âge, a plutôt un caractère ethnographique et le philologue est mieux qualifié que l'historien pour élucider les problèmes ethniques qu'elle présente ; ce sera à celui-là également qu'il appartiendra de traiter de la littérature roumaine jusqu'à Michel-le-Brave, puisqu'elle se compose essentiellement de monuments théologiques du XVIe siècle, dont l'importance est exclusivement linguistique.

Toutes les déclamations patriotiques qui ont été débitées à l'occasion de ma nomination, et dont le journal libéral *la Volonté Nationale* se fit l'écho, tombent devant ces considérations de fait ; c'étaient elles d'ailleurs qui avaient engagé le Conseil permanent de l'Instruction publique (où figuraient MM. Hasdeu et Odobesco) à me confier la suppléance de cette chaire.

Mais les récriminations contre moi s'expliquent : M. Urechia faisait depuis de longues années un cours général d'histoire et de littérature roumaines, quand il proposa un beau jour de scinder la chaire en deux : l'une, d'histoire et de littérature roumaines depuis Michel-le-Brave (1600) et qu'il continuait à occuper lui-même, l'autre, de langue et de littérature roumaines avant l'an 1600 et qu'il se réservait également à titre de suppléance. *Inde irae.*

C'est là le point de départ d'une série de misérables intrigues, de menées indignes, de machinations mesquines, sans précédents dans les annales scolaires.

Dépourvu de tout scrupule et grand-maître ès-réclame, M. Urechia remue ciel et terre, met tout en branle : presse, public, étudiants, pour arriver à ses fins.

Dès lors les événements se précipitent :

le 1 octobre, M. Urechia s'offre de prendre gratuitement la suppléance de la chaire nouvellement créée ;

le 2 octobre, M. Urechia conjure M. Xenopol, professeur d'histoire à l'Université de Jassy, de demander son transfert à Bucarest ;

le 3 octobre, M. Urechia me conteste la capacité d'avoir des sentiments patriotiques ;

le 4 octobre, M. Urechia donne l'alarme à l'opinion publique ;

le 5 octobre, M. Urechia fait appel aux étudiants ;

le 6 octobre, les étudiants se mettent en grève ;

le 7 octobre, les professeurs du lycée de Ploesti, toujours à l'instigation de M. Urechia, protestent contre ma nomination, comme anti-patriotique ;

le 8 octobre, M. Urechia menace de donner sa démission.

Cependant, les professeurs de la Faculté de lettres se réunissent pour délibérer sur mon cas. Tous, ils reconnaissent que le titre équivoque de la nouvelle chaire (titre dont la paternité revient également à M. Urechia), est l'unique cause de toute cette effervescence, et qu'en séparant de l'histoire la langue et la littérature, on pourrait faire droit à chacun. Pour finir, M. Tocilesco s'offre à faire gratuitement le cours d'histoire jusqu'à la mise au concours de la chaire, tandis que je serai chargé du cours de langue et de littérature.

Cette solution était équitable et naturelle. Elle donnait satisfaction à tout le monde, et à la science et à l'opinion publique, émue par les vociférations patriotiques de M. Urechia. Si celui-ci n'avait pas poursuivi un but intéressé, il aurait pu s'en tenir à cet esclandre. Mais le procès-verbal, consignant la solution que nous venons d'indiquer, n'était pas encore présenté à l'approbation du ministre, que déjà M. Urechia se mettait à ourdir de nouvelles intrigues contre moi parmi ses collègues de la Faculté de lettres. Ceux-ci se réunirent de nouveau (excepté MM. Hasdeu, Odobesco et Maioresco) et décidèrent de demander au ministre ma révocation pour la raison que je n'étais pas encore naturalisé. Et cependant j'occupais depuis une année déjà et continuais à occuper, comme suppléant, la chaire de philologie de M. Hasdeu ! A défaut d'argument sérieux pour m'évincer, on recourut ainsi à un simple expédient, suggéré par M. Urechia. M. Tocilesco s'y rallia également, bien qu'il fût l'auteur de la première solution, seule digne et équitable. Je regrette de devoir dire que cette oscillation entre le juste et l'injuste est la caractéristique même de la vie de M. Tocilesco.

Bref, M. Urechia l'emporta sur toute la ligne. Et pour que son triomphe fût complet, je présentai ma démission qui fut acceptée par M. le ministre Maioresco, le 15 novembre 1890.

Tout homme sensé pensera sans doute que, cette fois du moins, le ressentiment de M. Urechia contre cette malheureuse nomination se serait apaisé. En juger ainsi, serait mal connaître l'homme et le milieu social roumain ; car, il ne se passa pas deux mois que le grand patriote me fit de nouveau éprouver les effets de sa haine.

II

Au milieu des tribulations de toutes sortes que ma nomination à l'Université me suscita, je n'eus pas le temps de m'occuper du sort de ma naturalisation au Sénat. Mais si les circonstances me forcèrent à l'ajourner pour le moment, mes ennemis, eux, ne la perdirent pas un instant de vue.

Profitant du courant hostile que la récente agitation avait créé contre moi, M. Urechia, toujours lui, alors sénateur, crut le moment venu de me donner le coup de grâce. Son plan réussit à merveille et dépassa même son attente. Sa tactique fut cette fois d'une brutalité vraiment classique. Il insinua à tous ses collègues du Sénat que j'aurais dénigré le pays dans mes écrits. J'aurais, disait-il, soutenu à un moment donné que les Juifs de Moldavie seraient plus anciens que les autochtones eux-mêmes. Or, Dieu sait qu'une calomnie sur le compte d'un «étranger» (épithète consacrée en Roumanie pour les non-naturalisés) ne manquera pas d'être article de foi pour un sénateur, et cela surtout quand elle sera débitée par un patriote pur sang !

Pour ne pas interrompre mon récit, je reviendrai plus loin sur cette perfide imputation, qui a été exploitée à plusieurs reprises, à mes dépens. Elle constitue le principal grief à ma charge, grief qui, à lui seul, caractérise bien la condition déplorable d'un homme de science au milieu de funestes circonstances sociales. M. Urechia m'a donc calomnié auprès de chacun des sénateurs en particulier, non à haute voix d'abord — il le fera plus tard — mais en leur murmurant à l'oreille toutes sortes d'accusations générales, d'insinuations perfides, d'allusions malveillantes. Il était incontestablement difficile d'expliquer à une intelligence sénatoriale la portée d'une hypothèse ethnologique ; c'est pourquoi M. Urechia se borna à chuchoter de ci de là : M. Sainéan a dénigré le pays. Où ? Quand ? étaient des questions superflues, du moment que cette grave imputation sortait d'une bouche aussi véridique que celle de M. Urechia.

Mais tout fut, du reste, extraordinaire dans cette histoire de ma naturalisation, mise par surprise à l'ordre du jour.

D'abord le rapport.

Il conclut négativement, fait unique dans les annales de notre Parlement, car tous les rapports de la Commission d'indigénat concluent en faveur du candidat. Du moment que les actes, titres et qualités, exigés par la loi, sont reconnus suffisants, le rapporteur invite l'Assemblée à voter le projet. Si toutes les conditions légales ne sont pas réunies, le projet n'arrive pas même à passer par la Commission. Pour moi, il en fut autrement : je passai par la Commission, mais le rapport conclut au *rejet* de ma demande.

Voici, du reste, ce rapport mémorable[1]) :

Messieurs les sénateurs,

La Commission d'indigénat, dans sa majorité composée de S. S. le Métropolitain de Moldavie et de Suczava, comme Président, de MM. Démètre Stourdza, Gr. Leresco, G. Jiano et du sous-signé, s'étant réunie la 28 novembre de cette année et ayant examiné les actes relatifs à la demande de naturalisation de M. Lazare Sainéan, que M. le ministre de la justice a présentée au Sénat par le message royal No. 3188 du 22 novembre 1889, a constaté :

que M. Lazare Sainéan est né le 23 avril 1859 dans la ville de Ploesti ;

qu'en l'an 1880, s'étant présenté devant le Conseil de recrutement, il a été exempté du service militaire, parce qu'il était le fils aîné d'une veuve ;

que M. Lazare Sainéan a obtenu le diplôme de docteur ès lettres à l'Université de Leipzig ;

que, en outre, il a publié plusieurs ouvrages, tels que : *Les Fées méchantes*, étude de mythologie comparée ; *Essai sur la Sémasiologie de la langue roumaine*, étude

---

1) J'ai tenu à conserver, autant que possible, les particularités du style officiel.

historique ; *la Linguistique contemporaine* ou *l'Ecole néo-grammaticale ;*

qu'enfin, il possède son certificat de bonne conduite.

En présence de ces actes :

Considérant que la demande faite par M. Lazare Sainéan d'être naturalisé avec dispense de stage, conformément à l'article VII, § 2, lettre *a* [1]), ne peut être admise et que M. Lazare Sainéan, d'après les actes qu'il invoque et qui se trouvent au dossier, ne peut être dispensé du stage exigé par la Constitution ; attendu que le seul titre scientifique qu'il possède n'est pas suffisant pour bénéficier de ces dispositions ; attendu que M. Lazare Sainéan n'a pas apporté dans le pays une industrie ou une invention utile, de même qu'il n'a fait preuve d'aucun talent distingué dans sa science ; considérant que, en outre, même si nous admettions les dispositions de l'article VII, § 2, lettre *b*, il lui manquerait encore la seconde condition, étant donné qu'il n'est prouvé par aucune pièce que ses parents aient été établis dans le pays, ni que lui-même n'ait pas été soumis à une protection étrangère.

En vertu de ces considérations, la Commission a rejeté à l'unanimité la demande de naturalisation de M. Lazar Sainéan, et vous prie de bien vouloir voter cette

---

1) Voici les deux paragraphes de l'article VII de la Constitution roumaine avec leurs subdivisions :

Article VII. La différence de croyances religieuses et de confessions ne constitue pas, en Roumanie, un empêchement à l'obtention des droits civils et politiques, non plus qu'à l'exercice de ces droits.

§ 1. L'étranger, sans distinction de religion, soumis ou non à une protection étrangère, peut acquérir la naturalisation dans les conditions suivantes :

a) Il adresse au gouvernement sa demande de naturalisation dans laquelle il indiquera le capital qu'il possède, la profession ou le métier qu'il exerce et son domicile en Roumanie ;

b) Il habitera, après cette demande, 10 ans le pays et prouvera, par ses actes, qu'il lui est utile.

§ 2. Peuvent être exemptés du stage :

a) Ceux qui auront apporté dans le pays des industries, des inventions utiles ou des talents, ou qui auront fondé de grands établissements de commerce et d'industrie ;

b) Ceux qui, nés et élevés en Roumanie, de parents établis dans le pays, n'ont jamais été soumis, ni les uns ni les autres à aucune protection.

conclusion qui, comme j'ai eu l'honneur de vous le démontrer, tend au rejet du projet de loi.

Rapporteur, *Dr. D. Christesco.*

Projet de loi.

Article unique.— En vertu de l'article VII, § 2, lettre *a* de la Constitution, on accorde à M. Lazare Sainéan, de la ville de Bucarest, la naturalisation avec dispense de stage.

Ministre de la justice, *G. Vernesco.*

Deux choses dans ce projet — outre sa conclusion négative — frappe celui qui est au courant de la situation.

Parmi les personnes qui figurent en tête de cet acte, se trouve aussi M. Démètre Stourdza qui, le lecteur s'en souvient, m'avait accompagné de ses voeux à mon départ pour l'Etranger. Quel changement a bien pu se produire dans l'âme de cet homme d'Etat ou quel acte de ma part a bien pu provoquer sa désapprobation et m'aliéner ainsi ses sympathies de jadis? — Voilà ce que je n'ai jamais réussi à m'expliquer. M. Stourdza est fort instruit, a énormément lu, mais sa pensée et sa parole souffrent d'une confusion irrémédiable. J'ai eu, depuis lors, l'honneur de m'entretenir plusieurs fois avec lui — et je rapporterai plus bas une de ces conversations — mais toujours à mes questions précises il faisait des réponses évasives, de sorte que je m'en voulais souvent à moi-même de ne pouvoir saisir le rapport de ces digressions avec le fonds de la discussion.

Tout ce que j'ai pu déduire de ces entretiens, c'est que son antipathie récente a été provoquée par le fait qu'on m'avait offert une chaire et surtout par ma nomination à l'Université. J'ai montré plus haut que la chaire en question, à laquelle prétendait M. Urechia, m'avait été donnée comme équivalence à une autre chaire au lycée, la seule à laquelle j'avais aspiré, et qu'en démissionnant de l'Université, le nombre des chaires que je pouvais occuper s'était évanoui comme par enchantement. Cette série de nominations et de transferts passa comme une illusion...

Mais il y a quelque chose de plus grave encore dans le rapport cité, c'est le fait que l'on me conteste le droit de pouvoir bénéficier du § 2, lettre *a*, c'est-à-dire de la dispense de stage, attendu (dit le rapport) :

1. que le seul titre scientifique que je possède n'est pas suffisant ;

2. que je n'ai apporté dans le pays aucune industrie ou invention utile ;

3. que je n'ai prouvé aucun talent distingué dans ma spécialité.

Si le nom de l'honorable M. Démètre Stourdza ne figurait pas dans cette pièce mémorable, je ne perdrais pas un moment à discuter avec les autres signataires... Mais par respect pour M. Stourdza, je me sens obligé à examiner un instant la valeur des arguments présentés.

1. Mes titres académiques étaient, j'en conviens, fort modestes, mais méritaient cependant quelque indulgence de la part de la commission ; d'autant plus que M. Stourdza lui-même avait loué ma thèse de licence qui, on s'en souvient, a été l'objet de la plus haute distinction de la part de l'Université de Bucarest. Et comme le dit notre Labiche roumain, M. Caragiale, «pour un petit pays comme le nôtre, c'est bien toujours quelque chose !» Mais si mon diplôme de licencié ès lettres de Bucarest n'avait pas de valeur aux yeux sévères de M. Stourdza, je m'attendais à ce qu'il eût accordé, au moins, quelque importance à mon diplôme de docteur ès lettres de l'Université de Leipzig. Un semblable mépris pour ce titre est d'autant plus surprenant que les prédilections de M. Stourdza pour la science allemande sont bien connues. Mais passons, je veux bien reconnaître que mes titres de licencié et de docteur n'étaient pas suffisants pour mériter la faveur d'être naturalisé. Aux yeux de M. Stourdza, il aurait fallu tout au moins être membre correspondant de l'Institut de France, afin de pouvoir bénéficier de la dispense de stage.

2. En ce qui concerne l'industrie et l'invention utiles, que l'on me reproche presque de n'avoir pas apporté

au pays, je me déclare parfaitement d'accord avec M. Stourdza ; oui, je n'ai doté mon pays ni d'une industrie, ni d'une invention utile.

3. Enfin, mes ouvrages ; — ici j'avoue que la chose devient fort délicate : comme il ne me convient pas de faire mon propre éloge, on me permettra peut-être de céder la parole à d'autres.

M. Hasdeu, dont la compétence ne sera pas contestée, je l'espère, a délivré à la *Sémasiologie*, alors mon ouvrage principal, le certificat suivant :

«Comme historien, comme philologue, comme linguiste, je laisse trois disciples, dont j'ai bien droit d'être fier. M. Tocilesco, qui est aujourd'hui mon collègue, MM. Bian et Sainéan à qui je souhaiterais qu'ils le fussent aussi, et cela le plus tôt possible.

«Pendant de longues années, deux écoles diamétralement opposées, toutes deux à tendance, mais chacune poursuivant une direction différente, prétendaient étudier la nationalité roumaine. L'une s'inspirait d'un patriotisme mal compris, qui ne lui faisait voir partout que l'aigle romaine ; l'autre s'évertuait à dénigrer la nation roumaine dans tous les domaines, en déformant nos origines, notre caractère, notre passé et nos aspirations.

«De ces deux écoles, la prétendue patriotique était la meilleure, car c'est du cœur tout au moins qu'elle prenait conseil ; tandis que l'autre était poussée par la passion ou, ce qui est pire, par certains intérêts cachés.

«Mais toutes deux ont commencé à disparaître, en faisant de plus en plus place à une école purement scientifique, qui poursuit la vérité et rien que la vérité.

«Les recherches de M. Sainéan, et surtout la *Sémasiologie*, son dernier travail, nous promettent un vaillant lutteur dans le sens de cette nouvelle direction...»

Un autre académicien, collègue de M. Stourdza, M. Vulcan, pousse si loin son enthousiasme pour mon ouvrage, qu'il va jusqu'à dire que «la *Sémasiologie* est non seulement un travail d'érudition et d'une originalité rare, mais unique à peu près dans la littérature européenne».

Je fais complètement abstraction des appréciations de la critique étrangère et ne mentionnerai aucun des savants romanistes, tels que Gaston Paris, Gustav Körting, etc., qui ont unanimément déclaré que cet ouvrage fait honneur à la science.

Que maintenant M. Stourdza ait ses idées à lui à ce sujet, je ne saurais lui en vouloir ; mais cela n'empêche pas qu'il reste bien établi que, comme représentant de la nation, il a signé un rapport par lequel on me refuse le droit de cité roumaine pour ces deux raisons :

que je n'ai doté mon pays ni d'une industrie ni d'une invention utiles ;

que mes ouvrages philologiques ne trahissent aucun talent dans cette branche d'études.

Un homme éclairé d'Occident, ne connaissant pas l'état d'exaspération où les esprits peuvent se mettre en Roumanie lorsqu'il s'agit des soi-disant étrangers, se demandera non sans surprise : «Quelle relation peut-il bien y avoir entre l'activité scientifique d'un homme et sa naturalisation ? qu'est-ce que signifie cet examen de conscience méticuleux, ce pesage grossier du labeur, du talent et des capacités ?»

Il résulte du rapport présenté sur votre compte — malgré toutes les bizarreries qu'il contient — que vous avez présenté un nombre d'actes qui prouvent que vous êtes né dans le pays de parents établis dans le pays, que vous avez fait vos études dans les écoles roumaines, que vous avez tiré à la conscription, que vous êtes un contribuable loyal, que vous vaquez à vos occupations intellectuelles, que vous faites tout ce qui est dans votre pouvoir pour l'avancement de la science dans votre pays ; — tout cela ne sera pas pris en considération, car il suffira qu'un homme d'État de la valeur de M. Stourdza s'avise, au risque de se couvrir de ridicule, de s'ériger en juge d'une science aussi spéciale que la philologie, pour que tous vos mérites soient contestés. Et cela non pas dans un rapport à l'Académie, mais dans un acte officiel présenté au Sénat !

— «Candide occidental ! ne vous pressez pas et ne perdez point patience. Vous en verrez bien d'autres, réservez donc vos exclamations d'étonnement, et surtout ne nous jugez pas avec votre esprit qu'une civilisation séculaire a dégagé de toute idée préconçue. Il en est tout autrement de nous qui n'avons pas encore pu nous débarrasser complètement des traces de l'esprit corrupteur et dégradant des Phanariotes. Souvenez-vous que c'est d'hier à peine que nous avons échappé au joug et à l'épouvante des Turcs [1]. Ne vous étonnez donc pas que le serf d'antan, pas plutôt délivré de ses chaînes, aspire à s'emparer de la tyrannie de ses maîtres d'autrefois. Rappelez-vous le mot profond de l'un de vos écrivains : «Tout comprendre, c'est tout pardonner».

M. Urechia eut donc le bonheur de trouver un allié puissant en la personne de M. Stourdza. Tous deux, l'un répandant ses calomnies en sourdine, l'autre affichant ses ridicules noir sur blanc, ont abouti au résultat phénoménal suivant :

Séance du Sénat du 19 Décembre 1891.

M. le Dr. *Christesco* donne lecture du projet de loi (voir plus haut p. 9).

M. le Président, *le général I. Em. Floresco.* — La discussion générale est ouverte.

---

1) En voici un exemple intéressant rapporté par un témoin oculaire (Le Journal du comte de Langeron ap. Hurmuzaki X[3], p. 76) :

«En 1808, je revenais de Jassy à Faltchy. L'ispravnik de Tekoutsch me conduisait. C'était un Stourdza (une des plus grandes familles de la Moldavie). J'étais dans une maison à attendre les chevaux; je causais avec ce Stourdza et je l'avais fait asseoir sur le même divan où j'étais. Il ne paraissait ni inquiet ni embarrassé. Arrive un courrier turc, un simple janissaire. Il produit sur mon Moldave l'effet de la tête de Méduse. Stourdza se lève, pâle et tremblant, reste debout, court ensuite chercher une pipe que le janissaire, qui était assis sur le divan, lui ordonne de lui apporter, et la lui présente presque à genoux».

Personne ne demandant la parole, on met aux voix la prise en considération des conclusions du rapport, et on l'adopte.

On procède au vote par billes sur les conclusions du rapport.

M. le Président. Résultat du vote :

Votants 81
Billes blanches (pour les conclusions) . . . 79
Billes noires (contre les conclusions) 2

C'est ainsi que les conclusions du rapport, soit le rejet de la naturalisation, ont été votées par le Sénat.

Dans la presse pas un écho, mais pas un : la question était trop insignifiante et la personne dont il s'agissait, un intellectuel d'une valeur négligeable [1]).

Je dois cependant relater aussi, pour l'honneur du nom roumain, que j'ai trouvé quelque consolation et quelque réconfort dans mon infortune : ce sont d'abord les regrets exprimés par Sa Majesté le Roi, ce sont ensuite les paroles sorties de la bouche de Kogalniceano, témoignages d'estime et de bienveillance qui étaient en même temps une condamnation sévère de ce qui s'était passé et qui m'ont donné le courage de lutter de l'avant pour la justice de ma cause. L'illustre homme d'État, ayant rencontré M. Hasdeu, le fait perpétré, ne put s'empêcher de s'écrier : «Que signifie cette infamie du Sénat dans le cas Sainéan» ?

---

1) Si la presse roumaine a observé un silence prudent sur cette façon manifeste de se moquer de la Constitution du pays, l'Etranger a tâché d'exploiter au dépens de notre prestige ce scandale indigne d'un Parlament. Dans la Réponse hongroise au Mémorandum des étudiants roumains (1892), on lit le passage suivant: «Et comment appliquez-vous l'égalité par rapport aux emplois et fonctions ? Sans aller plus loin, vous connaissez le cas du savant roumain Lazare Sainéan. C'était un érudit, mais il était juif et vous l'avez expulsé de sa chaire universitaire. Il avait toute la Roumanie à ses trousses, cependant il rendait à la langue, à la littérature, à la civilisation roumaines tout autant de services que la plupart des demi-dieux roumains». *(Réponse au Mémoire des étudiants roumains* par Grégoire Moldován).

III

Mais les consolations les plus certaines, je les ai puisées dans le travail scientifique. C'est là que j'ai toujours trouvé un asile bienfaisant contre les injustices du dehors. Et quand la coupe d'amertume menaçait de déborder, un nouveau sillon, tracé dans le champ immense du savoir, me confirmait dans la pensée que par ce moyen aussi, modeste et discret, on pouvait contribuer à la gloire de la patrie, et je me flattais de l'espoir que mes recherches, bien qu'écrites dans une langue accessible seulement à un petit nombre, ne seraient pas complètement perdues pour la science en général.

Et voilà comment il se fait que, les deux années suivantes, j'ai publié mon cours de linguistique, professé à l'Université (1891), comme suppléant de M. Hasdeu à la chaire de philologie comparée, et puis un travail spécial sur l'*Histoire de la philologie roumaine* (1892), destiné à encourager la jeune génération au travail et à lui venir en aide par d'utiles conseils.

Après un intervalle d'à peu près deux ans, ma demande de naturalisation fut présentée à la Chambre. Pour éviter de nouvelles surprises, M. le général Mano, alors Président de la Chambre (1893), voulut bien disposer qu'elle ne fût pas mise à l'ordre du jour, pendant tout le temps, où il était malade.

Sa Majesté le Roi qui daigna s'intéresser à mon sort, parla en ma faveur au Président du Conseil des ministres, feu Lascar Catargi. Cet homme d'Etat, le type le plus parfait de la probité et de l'honneur, aussi pur de cœur et de pensée que le cristal, me promit et me prêta effectivement tout son concours.

Finalement, M. Hasdeu vint en personne soutenir ma cause, et il me semble voir encore ces deux vieillards, gloires incontestées de la race roumaine, invitant chacun de son côté les députés à voter pour moi, et entendre, avant même de connaître le résultat final, Lascar Catargi s'écrier radieux : «Ça ira ! ça ira !» Et le résultat fut en effet l'adoption du projet à une grande majorité.

Honneur à ces hommes, dont le concours généreux pour le triomphe de la bonne cause a été malheureusement plus tard paralysé par l'envie et la haine !

A la Chambre je n'ai rencontré qu'un seul adversaire déclaré, l'honorable académicien M. Jaques Negruzzi, qui d'un côté publiait mes études dans *les Entretiens Littéraires*, revue dirigée par lui, et qui d'autre part, marchant sur les brisées glorieuses de M. Urechia du Sénat, insinuait aux députés qui voulurent l'écouter, le refrain bien connu (non sans une petite variante de son crû): «M. Sainéan a dénigré le pays... en langue anglaise!» Pourquoi cette prédilection de M. Negruzzi pour l'anglais ? Sans doute parce que cette langue était absolument inconnue à la majorité des membres de la Chambre, et que c'était comme s'il avait soutenu que j'ai écrit en chinois. En m'accusant d'avoir employé la langue de la lointaine Albion, il rendait fort difficile, sinon impossible, tout contrôle.

Voici donc formulée pour la seconde fois cette accusation : émise d'abord par M. Urechia, inconsciemment répétée ensuite par M. Negruzzi, elle le sera un peu plus tard, comme nous le verrons, aussi par M. Démètre Stourdza. Je crois le moment venu de remonter à l'origine de cette légende et d'en suivre les traces et l'évolution.

En 1887 j'avais publié dans une revue roumaine, *les Entretiens Littéraires*, une étude, intitulée *Les Juifs ou les Tartares ou les Géants* et qui parut deux années plus tard, mais sous une forme plus complète, dans la *Romania* de M. Gaston Paris. Dans cette étude, je me proposais d'élucider cette bizarre association de noms ethniques, en l'expliquant par une hyphothèse historique. Après avoir groupé tous les éléments linguistiques, archéologiques et topographiques qui, dans les traditions du peuple roumain, pourraient établir une identification des Juifs avec les Tartares et les Géants, je me suis posé la question suivante : Y a-t-il eu dans le passé un peuple au sujet duquel on puisse soutenir avec assurance qu'il ait été en même temps *tartare* et *juif*?

A cette question je répondis qu'un pareil peuple avait existé, et qu'il était connu dans l'histoire sous le nom de *Khazars*, une tribu tartare qui occupait presque toute la Russie méridionale et qui, ayant adopté au VIIIe siècle le judaïsme, a subsisté comme État juif plus de trois siècles (1016). Après avoir étendu leur domination sur l'Europe orientale, ces Tartares juifs disparaissent tout d'un coup de la scène de l'histoire. Que sont-ils devenus ?

«Ces Khazars, après leur décadence politique, se fondirent dans les autres populations tartares de la Mer Noire, mais l'écho de leur origine ne disparut pas complètement de la mémoire des hommes. Chez les peuples voisins, il resta un souvenir de plus en plus vague d'une espèce de Tartares qui étaient aussi des Juifs et qui leur avaient souvent inspiré de la terreur par leur grandeur, leur force extraordinaire et leurs exploits gigantesques. Mais il y a plus. Une partie de ces Khazars aurait cherché de bonne heure un refuge en Transylvanie et dans les pays danubiens, spécialement en Valachie, où résonne encore l'écho de leur souvenir dans les traditions locales qui semblent concentrées dans les districts de Muscel et de Romanatsi. Ici, ils auraient bâti cette construction d'un aspect cyclopéen — la *Jidova* — dont le nom seul parle encore de ces temps éloignés. Leurs établissements et leurs habitations laissèrent des traces importantes, qui prirent dans l'imagination du peuple des proportions colossales. Des hommes d'une grandeur surhumaine auraient vécu — d'après la tradition — dans un temps si reculé que les plus anciens à peine s'en souviennent, et ces hommes-géants, le paysan roumain les appelle *Jidovi* ou *Tatari*.

Il est très probable que ces Tartares judaïsés gardèrent leur religion, au milieu d'une population pacifique et terrifiée par leur force imposante, et qu'il coule du sang khazar dans les veines de la couche primitive des Juifs roumains. M. Renan, dans la conférence faite au cercle Saint-Simon le 27 Janvier 1883, a émis une opinion analogue : «Cette conversion du royaume des Khazars a une importance considérable dans la question de l'origine des Juifs qui habitent les pays danubiens et le midi de la Russie. Ces régions renferment de grandes masses de populations juives qui n'ont probablement rien d'ethnographiquement juif. Une circonstance particulière a dû amener dans le sein du judaïsme beaucoup de gens non juifs de race» [1]).

Tel est l'étude absolument objective qui m'a valu la calomnie d'avoir dénigré le pays.

Je voudrais montrer maintenant les phases et les variantes, sous lesquelles cette grave accusation s'est répandue dans le public, et notamment dans le monde parlementaire.

Elle a donc été mise en circulation par M. Urechia qui, du passage reproduit ci-dessus, a conclu que j'aurais soutenu l'antériorité des Juifs sur les Roumains, et que je serais, par conséquent, un adversaire de la continuité de l'élément roumain en Dacie, une conclusion qui s'accorde avec mon étude comme la science avec l'intelligence de M. Urechia. Mais, convaincu de l'efficacité d'une calomnie patriotique, il a combattu sur ce thème ma nomination à l'Université, et s'est servi ensuite du même argument au Sénat.

«Autrefois, s'écrie-t-il, à cette occasion, M. Sainéan a soutenu qu'une race de la religion de Moïse a dominé dans les Principautés, dans ces provinces et que, par conséquent, comme il l'a démontré, les Juifs actuels ne seraient ethnographiquement que les descendants des Juifs anciens du pays. Il est vrai que les Hongrois disent à peu près la même chose, quand ils prétendent que leur droit de propriété sur la Dacie prévaut sur celui des Roumains. Voici maintenant venir des Juifs qui défendent la priorité d'établissement des Juifs Khazars en Dacie!..»

C'est ce même M. Urechia qui a essayé de répéter plus tard cette absurdité, dans une séance de l'Académie roumaine. Mais, heureusement, M. Hasdeu s'y trouvait, et

1) *Romania,* vol. XVIII (Paris, 1889), p. 500—501.

lança en présence de ses collègues à M. Urechia un «vous mentez» très énergique. Celui-ci avala l'apostrophe, mais continua à mentir.

M. Hasdeu, cependant, ne s'est pas contenté de remettre à sa place M. Urechia à l'Académie, il a encore fait connaître, par une lettre ouverte, l'inanité de cette calomnie. En voici le contenu :

Cher monsieur Sainéan,

Depuis 12 ans je vous connais, et depuis 12 ans je vous suis dans vos études. D'abord vous avez été mon élève, puis mon compagnon de travail. Je ne vous ai pas perdu de vue un seul instant, et pendant ces 12 ans, j'ai pu me convaincre non seulement de votre puissance de travail, de vos aptitudes, de votre science, mais encore et par-dessus tout, de votre ardeur et de la sincérité de votre amour pour la nation roumaine, qui à son tour est obligée de vous aimer, car, dans le domaine de la science, il en est peu qui lui aient rendu et lui rendent de plus grands services.

Je ne doute donc pas, cher monsieur Sainéan, qu'il ne se trouve aucun Roumain sérieux et impartial qui vous conteste le droit depuis longtemps mérité d'être citoyen roumain. Quiconque soutiendrait que vous avez agi ou écrit contre les intérêts du pays, ne saurait ce qu'il dit et ne sachant ce qu'il dit, il pourrait de la même façon m'en accuser moi aussi.

Une poignée de main amicale

B. P. Hasdeu.

Bucarest le 9 avril, 1895.

Pour la séconde fois, cette médisance, comme on l'a vu, a été chuchotée de l'un à l'autre par M. Jacques Negruzzi (qui y ajouta un détail caractéristique : en anglais). Mais l'inconscience de ce monsieur le rend irresponsable.

Pour la troisième fois, elle a été exploitée contre moi par M. Démètre Stourdza. Il me souvient qu'après avoir échoué pour la première fois au Sénat, je me rendis auprès de lui pour lui présenter un exemplaire de mon

Histoire de la philologie roumaine, qui venait de paraître (1892). Enchanté de ce travail, dont il fit partout l'éloge, il me déclara qu'en vérité, il avait été contre moi à cause de ma candidature à une chaire universitaire, mais que le livre, nouvellement paru, était propre à me faire regagner ses sympathies. Deux années plus tard, à la veille de mon second échec au Sénat et désirant lui demander son concours, en suite de la bonne opinion que lui avait laissé la publication en question, j'eus l'honneur d'avoir avec lui un long entretien, dont je vais réproduire quelques passages que je déclare absolument authentiques.

— «Je suis venu, Monsieur Stourdza, solliciter votre concours à l'occasion de ma naturalisation qui va être remise à l'ordre du jour au Sénat.

— Vous savez que je suis contre et que je ne change pas d'avis.

— Comment, monsieur Stourdza ? est-il possible qu'un homme comme vous, au courant de nos progrès intellectuels, sachant combien d'années j'ai travaillé dans le domaine de la science roumaine, puisse persister à me refuser son appui dans une cause aussi légitime ?

— Nous sommes un petit pays. Il faut que nous défendions notre Plevna intérieure contre les ennemis. Et puis, nous n'avons pas besoin de savants étrangers.

— Ce mot d'étranger me surprend dans votre bouche. Moi, étranger ? moi qui suis né dans le pays, qui ai fait toutes mes études dans les écoles roumaines et dont tous les travaux sont consacrés à la philologie roumaine ?

— Vous allez comprendre. Il y a un an, j'ai rencontré le maire de Hambourg, qui m'a raconté l'histoire suivante: Il avait projeté de réunir le cimetière chrétien avec le cimetière israélite. Et figurez-vous que les Juifs n'ont pas consenti...

— Mais quel rapport y a-t-il entre ma cause et le maire et les Juifs de Hambourg ?

— Comme je vous l'ai dit, je ne change pas d'opinion».

Nous allons voir, au second échec au Sénat, à quoi a abouti cet entretien.

Dans les trois ou quatre occasions que j'ai eues de causer avec M. Stourdza, jamais il n'a osé soutenir devant moi la calomnie propagée par M. Urechia. Quelle ne fut pas ma surprise, quand j'appris, par un député de mes amis, une personne de toute confiance, que M. Stourdza lui-même colportait cette calomnie et l'inculquait sans vergogne à tous ses partisans.

En présence de pareils procédés, je me vois obligé de demander compte à ces diffamateurs, de les traîner à la barre de l'opinion publique et de les forcer à répondre : «Où, quand et comment ai-je jamais dénigré le pays ?»

Qu'un Urechia ait forgé un tel conte, cela n'est pas le moindre des méfaits qui ait déshonoré sa vie.

Qu'il se soit trouvé un Negruzzi pour le répéter, rien de surprenant à cela : c'est par pure inconscience et pour la gloire de se faire l'écho d'un Urechia.

Mais qu'un homme d'État, comme M. Stourdza, le chef du parti libéral, se mette à lancer, de but en blanc, contre un homme de science une accusation aussi grave, qu'il la propage et l'accrédite dans les cercles publics, cela n'est explicable que par l'état psychologique de l'homme. M. Stourdza a souvent eu l'occasion, dans sa longue carrière politique, d'entendre autour de lui les cris de traître et de trahison. Sans cesse, ses adversaires lui ont jeté à la face des actes de félonie, et ses oreilles ont toujours été assourdies par de pareilles imputations, certainement injustes. Or, ces attaques violentes semblent ne pas être restées sans influence sur son cerveau ; car son intelligence aveuglée a commencé, depuis un certain temps, à n'apercevoir partout que traîtres et trahisons. A ce penchant ajoutez le tempérament de cet homme remarquable, qui commet le mal par pur dilettantisme, comme d'autres font de l'art pour l'art, — voilà des données dont on devra tenir compte pour reconstituer l'état d'âme de M. Stourdza.

Mais en admettant même que j'eusse émis les absurdités que l'on a déduites gratuitement de mon article, MM. Urechia et Stourdza, tous deux académiciens et prétendus historiens, n'avaient qu'à les combattre, et, détruire à coups de plume ces hérésies historiques. Mais un semblable procédé, honnête et loyal, répugne, parait-il, à des gens qui ont la possibilité de démolir leur adversaire par la force. N'était-ce pas là, dans les temps d'ignorance, la tactique qu'employait la force brutale contre l'intelligence : dans les disputes théologiques du moyen-âge, l'épée tranchait les différends qui résistaient à l'argumentation subtile. Dans mon cas, l'épée a été remplacée par le mensonge et par la calomnie.

M. Stourdza, du reste, n'en était pas à son coup d'essai. Quand les théories philologiques du docteur Gaster déplurent à l'honorable M. Stourdza qui, comme on sait, est un érudit universel, que croyez-vous qu'il fit ? Se mit-il à les réfuter ? Nullement : c'eut été l'affaire d'un intellectuel. Lui, homme positif, fit simplement passer la frontière à l'auteur avec toutes ses théories...

Ne pouvant contre moi recourir à l'expulsion, comme il n'existait pas dans mon œuvre l'ombre d'une préoccupation politique, ces deux braves Roumains, Urechia et Stourdza, ont abusé de leurs pouvoirs afin de me rendre l'existence matérielle insupportable et de m'enlever jusqu'à la possibilité d'une carrière.

IV

Ce n'est pas l'article VII, tel qu'il figure dans la Constitution roumaine *(dura lex, sed lex)*, mais c'est son application injuste et abusive qui a ouvert un champ illimité à l'arbitraire et à la tyrannie latente des esprits, à peine échappés à l'influence délétère du despotisme oriental. La mise en pratique de ce fameux article est, en effet, devenue une arène où toutes les passions, apparemment assoupies, se donnent carrière, sans la moindre honte. Ce n'est pas en vain que le Phanar a régné pendant un siècle sur ce pays : les vices héréditaires qu'il a légués aux générations actuelles, ont éclaté, aussitôt qu'ils ont pu s'étaler sur un plus vaste théâtre.

Les rapports d'autrefois entre tyran et serf subsistent encore aujourd'hui, en Roumanie, pour une population de 250.000 habitants qui ont eu le malheur de naître en dehors de la religion dominante. On a violenté jusqu'au nom que l'on donne à ces déclassés: nés sur le sol roumain, ayant souvent derrière eux plusieurs générations, ils portent dans la langue officielle le surnom d'étrangers et sont, comme tels, soumis à un régime exceptionnel...

C'est en vain qu'un de ces déclassés consacrera toute son énergie et toute son intelligence au service de la nation! Au lieu d'équité, il ne rencontrera que la plus criante injustice; au lieu de voir ses mérites pour la culture nationale reconnus, il sera abreuvé d'amertume et on lui rendra impossible jusqu'à l'existence *légale* sur le sol où il est né.

L'incapacité *voulue* de ne pas distinguer entre la notion objective de «loi» et celle de personne et de personnalités, la substitution capricieuse du bon plaisir et de la malveillance à la légalité et à l'équité, la destruction de toute une vie de travail au moyen de quelques spasmes patriotiques, le talent, les capacités et les services rendus au pays et au progrès intellectuel de la nation, tout cela abandonné à l'appréciation de quelques irresponsables — voilà les beaux résultats auxquels on arrive par la façon arbitraire d'appliquer le dit article VII de la Constitution.

Mais il y a différents poids et mesures pour les mérites des candidats à la naturalisation.

Je laisse aux psychologues d'expliquer, par exemple, le phénomène suivant qui jette un jour intéressant sur nos mœurs parlementaires: tous les banquiers qui ont demandé la naturalisation, l'ont obtenue, sans la moindre difficulté, tandis que les jeunes gens, dont tout l'avoir consiste en diplômes académiques et en efforts intellectuels, ont rencontré et rencontrent une opposition désespérante.

Après des démarches et des humiliations sans nombre,

compromettantes pour votre dignité, après avoir trouvé grâce devant la Commission d'indigénat, après avoir eu le bonheur d'être passé par le Président d'un des Corps législatifs sur le tableau, vous arrivez enfin au moment solennel : l'inscription à l'ordre du jour. Et alors, malheur à vous ! si vous avez un seul ennemi parmi les représentants de la nation. Le texte formel de la loi se transforme en une arme vindicative, entre les mains de votre adversaire, dont la puissance de vous nuire est sans limite. Mains et pieds liés, tout votre avenir est à sa discrétion. Vous êtes obligé de subir, le désespoir dans l'âme, en spectateur impuissant, les plus viles avanies. Les collègues de votre ennemi juré qui savent pertinemment qu'il ment et diffame, n'ont pas le courage de répondre, de peur d'être accusés de philosémitisme ou de quelque chose de pire. Et c'est ainsi qu'un seul adversaire peut, dans un moment de mauvaise inspiration, réduire à néant toute une vie de dévouement et de labeur.

Si un occidental assistait par hasard à l'*opération* des naturalisations dans nos Corps législatifs, un spectacle inouï s'offrirait à ses yeux — plus suggestif en documents humains que des volumes de généralités.

Rien qu'à entendre prononcer un nom qui n'aurait pas l'avantage de se terminer en *-itch* ou en *-ov* [1]), il verra les fronts se rembrunir et une agitation extraordinaire s'emparer de tous les (soi-disant) patriotes, qui prennent aussitôt une attitude combattive ; et, si le candidat a eu le malheur de se distinguer de quelque façon, l'écho des vociférations sera assourdissant. Au milieu de ce vacarme, un chauvin prendra la parole et fouillera jusque dans ses recoins les plus intimes la vie du malheureux candidat, sondera sa conscience, jaugera ses sentiments, examinera si ses idées sont conformes au programme patriotique, lira entre les lignes de ses ouvrages, et, s'il

1) Ces finales se réfèrent aux candidats de race slave, Serbes, Bulgares, Russes, etc.

le faut, *inventera* pour le succès de la cause des *intentions* et des allusions.... Puis, après un violent réquisitoire, il l'enterrera sous une avalanche de tirades. Et si toutes ces contorsions rhétoriciennes ne produisent pas l'effet voulu, le patriote ne se tiendra pas pour vaincu : il se postera à l'urne, et, en face du Président, il influera sur le libre exercice du vote.

Puis, au milieu d'un tumulte indescriptible, on entendra les applaudissements de la tourbe parlementaire : le candidat est tombé ! Quel triomphe pour le nationalisme ! Quel succès pour l'avenir du peuple roumain !

Mais, au nom du ciel, cachez du moins aux yeux du monde le déchaînement de vos passions ! N'offrez pas à la civilisation le triste spectacle d'un Parlement qui se fait une gloire de violer publiquement sa propre Constitution.

La façon dont *se pratiquent* les naturalisations pour les soi-disant étrangers, c'est-à-dire pour les Juifs nés dans le pays, en particulier pour ceux qui ont bien mérité de la patrie, constitue une honteuse dégradation du caractère et de la dignité, un réel attentat contre la nature humaine !

V

Les deux années suivantes j'ai été complètement absorbé par la rédaction de mon ouvrage sur les *Contes roumains*. Il eut l'honneur d'obtenir les suffrages de l'Académie roumaine qui lui décerna, à l'unanimité, le prix Eliade Radulesco, et le fit publier à ses frais. Déjà depuis 1889, ce Corps savant avait destiné un prix de 5000 francs à la meilleure étude sur ce sujet. Conformément aux conditions prescrites, le manuscrit fut présenté, accompagné d'un pli cacheté, contenant le nom de l'auteur. La commission académique, composée du professeur Quintesco, du père Marian et de feu le professeur Roman, put donc examiner le manuscrit, sans en connaître l'auteur, et c'est en toute impartialité qu'elle proposa le prix décerné. L'Académie réunie en séance plénière ratifia ensuite, à l'unanimité des voix, la conclusion présentée par la commission. Mais lorsqu'on décacheta le pli et lut le nom de l'auteur, M. Jacques Negruzzi, qui présidait la séance, extrêmement déconcerté, prit une attitude désespérée, ce qui inspira à quelques uns de ses collègues l'idée originale de revenir sur le vote. M. Stourdza, à son tour, entendant le résultat, voulut bien s'écrier : «Moi, je serai toujours contre M. Sainéan!» 1)

Si j'ai rapporté ces détails, c'est simplement pour me défendre d'une accusation lancée contre moi, toujours par M. Urechia, du haut de la tribune du Sénat, dans le discours que nous examinerons un peu plus bas :

«Messieurs, y lisons-nous, M. Sainéan a été payé pour ses ouvrages, on lui a donné des places, des récompenses, et je ne veux pas dire de quelle façon il a obtenu le prix de l'Académie».

J'ai sommé alors M. Urechia, par une lettre ouverte, de dire la vérité, au nom du prestige de cette haute institution dont il fait lui-même partie, mais il n'a pas soufflé mot. Sa tactique est connue : il calomnie, il ment et puis, provoqué, il se tait!

Le moment d'être mis à l'ordre du jour au Sénat approchait. Feu M. Odobesco se rendit avec moi chez le Président du Sénat, son oncle M. Gr. Cantacuzène, et le pria avec instance de prendre à cœur ma demande.

M. Hasdeu me donna une recommandation très chaleureuse pour l'ancien Métropolitain Ghenadie, Président de la Commission d'indigénat, avec qui j'eus plus tard l'occasion de passer quelques jours d'agréable intimité

---

1) Le fait suivant est encore plus caractéristique pour la manière de voir de cet homme d'Etat. J'avais terminé la préface des *Contes roumains* par ces mots : «Plongé dans ces études pleines d'enchantement, l'auteur a pu quelque temps oublier la triste réalité». M. Stourdza, en sa qualité de secrétaire de l'Académie, mit sur les épreuves cette apostille : «Quelle triste réalité est-ce donc que d'obtenir un prix de l'Académie ?»

à Campina, chez M. Hasdeu, dont nous étions tous deux les hôtes.

J'avais réussi, également, à intéresser à ma cause feu Alexandre Lahovary qui me promit formellement d'être à la séance le jour du vote. Malheureusement, quand ce moment arriva, l'éminent homme d'Etat était déjà parti pour Paris, et, l'année suivante, il nous quitta pour toujours. Mais je n'oublierai jamais l'éclair de colère qui traversa un moment ses yeux, à l'ouïe des ignominies, commises contre moi par M. Urechia. Un geste de dégoût et de sévères paroles furent le commentaire éloquent de ce mouvement fugitif de juste indignation.

M. Hasdeu voulut bien venir cette fois encore au Sénat, afin que sa présence puisse en quelque sorte plaider en ma faveur.

Le jour de la séance, le 14 avril 1895, en l'absence de M. Gr. Cantacuzène, malade, M. A. Braïloï, vice-président, prit la présidence.

Le projet de naturalisation était conçu comme suit. Je le reproduis à titre de comparaison avec celui que j'ai cité plus haut, et qui avait été rédigé ou inspiré par M. Stourdza.

Messieurs les sénateurs,

La commission d'indigénat, sous la présidence de S. S. le Métropolitain Primat, s'étant réunie à une majorité de 5 membres, le 10 décembre 1893, a pris en considération le projet de loi voté et adopté par la Chambre dans sa séance de l'année courante, projet par lequel on accorde à M. Lazare Sainéan de la ville de Bucarest, district d'Ilfov, la naturalisation avec dispense de stage, conformément à l'article VII, § 2, lettre *a* de la Constitution.

La Commission, examinant les actes, a admis le projet de loi à l'unanimité en vertu des considérations suivantes :

M. Lazare Sainéan est né dans la ville de Ploesti, le 23 avril 1859, de parents israélites ;

A l'âge exigé par les lois du pays, il a tiré à la conscription pour être enrôlé dans l'armée ;

Le maire de Bucarest lui a délivré un certificat de bonnes mœurs ;

M. Lazare Sainéan a obtenu, en suite des études qu'il a faites, le diplôme de licencié ès lettres de la Faculté de Bucarest et celui de docteur ès lettres de l'Université de Leipzig. Outre cela, il a publié une série d'ouvrages importants concernant la langue et la littérature roumaines, tels que, les *Eléments turcs en roumain,* la *Sémasiologie de la langue roumaine*, l'*Histoire de la philologie roumaine* et d'autres.

L'un de ces ouvrages a obtenu de l'Université de Bucarest un prix de 5000 francs.

Les services rendus par M. Lazare Sainéan ne se bornent pas à cela. Ses mérites scientifiques sont tels qu'ils ont déterminé l'illustre professeur de l'Université, M. Hasdeu, de le charger du cours qu'il faisait à la Faculté des lettres sur la philologie comparée, tâche qu'il continue à remplir. L'érudition de M. Sainéan est reconnue par les plus grands de nos savants, et des spécialistes de l'Etranger même ne se font pas faute de déclarer qu'il a enrichi notre littérature d'ouvrages de mérite et de le considérer comme l'un des représentants les plus distingués de la société roumaine.

En vertu de ces considérations, la commission, adoptant à l'unanimité la demande de M. Lazare Sainéan, vous prie de bienvouloir voter le projet de loi suivant.

Rapporteur, *Constantin I. Balaceano.*

Loi

Article unique. — En vertu de l'art. VII, § 2, lettre *a* de la Constitution, la naturalisation est accordée à M. Lazare Sainéan de la ville de Bucarest, district d'Ilfov, avec dispense de stage.

Cette loi a été votée par la Chambre, dans sa séance du 17 avril 1893, et adoptée à une majorité de 76 voix contre 20.

Président, *le général G. Mano.*

Secrétaire, G. *Voïnesco-Boldur.*

Pendant toute la durée de la session, M. Urechia eut largement le temps de saturer l'atmosphère du Sénat de la calomnie d'après laquelle j'aurais diffamé le pays; quant à moi qui ne connaissais pas encore si bien le passé de cet homme, j'espérais toujours qu'un certain sentiment de pudeur l'empêcherait de prendre la parole. Et cela d'autant plus qu'il avait donné à notre ami commun, le poète Vlahoutza, sa parole d'honneur qu'il s'abstiendrait dorénavant de toute manifestation hostile. Mais, soudain, le voici qui prononce à la tribune du Sénat un discours qui lui assurera certainement l'immortalité à laquelle il aspire et qu'il mérite. C'est un monument d'aberrations et de perfidies! Impossible de trouver un plus grand nombre d'absurdités réunies. Un pareil défi au bon sens vous désarme! Et malgré cela, ce discours remporta le plus beau des succès auprès de la majorité du Sénat. Sur 59 votants, 33 ont voté contre le projet. Le vote fut déclaré nul par le vice-président, M. Braïloï, ce qui suscita une discussion passionnée sur l'interprétation du règlement. Le lendemain, mon indigénat étant de nouveau soumis au vote, ne réunit cette fois que 12 billes blanches contre 61 billes noires!

Lors du second vote, M. Stourdza, déposant une bille noire dans l'urne blanche, tint à déclarer solennellement qu'il votait contre le Juif qui a tenté de s'introduire par des chemins détournés dans la cité roumaine — paroles d'une énergique éloquence que l'orateur lui-même a cherché à atténuer ensuite, quant à la forme, dans le texte inséré au *Moniteur Officiel*[1]).

Avant que M. Urechia ne prononçât son discours, j'avais prié M. le sénateur Pano de bien vouloir, s'il y avait lieu, donner la réplique à M. Urechia, afin que le Sénat ne restât pas sous l'impression des idées confuses de ce patriote attitré. Mais M. Pano crut devoir garder une sage réserve. Il me déclara plus tard que c'était pour une raison de pure humanité qu'il avait jugé bon de se taire. «Je

---

1) Je me borne à faire observer ici que le règlement des Corps législatifs défend, lorsqu'on revient sur un vote nul, toute discussion et intervention. M. Stourdza, en exhortant les sénateurs à voter contre, a violé sciemment un article formel du règlement. *Ab uno disce omnes!*

craignais, m'expliqua-t-il, qu'une riposte vigoureuse ne fût fatale à ce vieillard».

Faute d'un défenseur, je me vois donc forcé à reprendre moi-même les passages principaux de ce mémorable discours et de répondre aux allégations qu'il renferme.

VI

M. Urechia commence par discuter les opinions, émises par M. Hasdeu dans deux brochures datant de la période antisémite de sa vie (*Trois Juifs*, 1865 et *le Talmud*, 1866), puis, passant à la question de ma naturalisation, il me fait une quantité de reproches, non sur ce que j'ai fait, mais sur ce que je n'ai pas fait, et qui peuvent se résumer comme suit :

Pourquoi n'ai-je pas marché sur les brisées patriotiques de M. Urechia ? Pourquoi n'ai-je pas combattu comme lui les Hongrois ? Pourquoi n'ai-je pas repoussé comme lui les prétendues insultes du journal israélite l'*Egalité* ? Pourquoi n'ai-je pas réfuté comme lui les affirmations du rabbin Bloch de Vienne ? Enfin, pourquoi n'ai-je pas répliqué comme lui aux journaux-pamphlets de l'Etranger qui ont calomnié la nation roumaine ?

«Il est de mon devoir de poser ces questions à M. Sainéan, en sa qualité d'écrivain roumain, de professeur des nouvelles générations roumaines... Il ne suffit pas que M. Sainéan n'aït pas diffamé par écrit la nation roumaine — *quod est demonstrandum !* — je voudrais qu'il prouvât qu'il a défendu la nation roumaine dans la grande lutte qui se poursuit depuis tant d'années aux yeux du monde. Je n'ai pas vu M. Sainéan à vos côtés, à côté de ceux qui luttent pour les droits des Roumains et pour la cause nationale».

Le reproche capital que m'adresse M. Urechia, c'est donc de n'avoir pas écrit sur la question nationale. Mais existe-t-il quelque autre professeur universitaire qui ait écrit quoi que ce soit sur ce sujet ? Et n'est-il pas suffisamment caractéristique que de toutes nos illustrations scientifiques pas une, si ce n'est M. Urechia tout seul, n'ait publié une ligne et ne soit intervenue, en quoi que ce soit, dans les polémiques relatives à la question nationale?

Pour ce qui me concerne, en particulier, la réponse est très simple: je n'étais pas encore naturalisé, et la Constitution du pays interdit, sous peine d'expulsion, toute immixtion des soi-disant étrangers dans les affaires politiques.

A part cela, tout le monde ne possède pas la combattivité de M. Urechia. Chacun n'éprouve pas comme lui le besoin de voir son nom, deux fois par jour, encadré dans les colonnes des journaux. Car, on le sait assez, M. Urechia a éclipsé jusqu'au fameux Barnum, de publique mémoire, dans le vaste champ de la réclame.

C'est vrai, j'en conviens, au lieu de polémiser et de batailler à gauche et à droite comme Don Quichotte, afin de me signaler à l'attention bienveillante des patriotes, j'ai cru plus digne, comme homme de science, de me tenir à l'écart des agitations politiques, et de me consacrer exclusivement à mes études. Je croyais, dans ma candeur, que travailler pour la gloire scientifique de la nation roumaine, c'était lui rendre des services plus durables que ceux dont se targuent de faux patriotes, avec leurs phrases ronflantes et leur chauvinisme intéressé.

C'est donc pour tout ce qu'il a négligé de faire que «le patriote M. Sainéan, le savant en langue roumaine... doué d'un talent que je ne lui contesterai pas... je n'ai d'ailleurs jamais contesté que M. Sainéan fut un esprit d'élite», — c'est pour ces raisons que le patriote M. Sainéan ne mérite pas d'entrer dans la cité roumaine.

Fort bien! Mais pour les choses que j'ai faites, pour les œuvres que j'ai publiées?... M. Urechia répondra à cette objection par un subterfuge:

«Écrire un livre sur les Roumains, cela constitue-t-il un droit acquis à être naturalisé? Bizarre théorie! Alors je voudrais vous demander: Pourquoi tous ceux qui ont écrit sur les Roumains, ne sont-ils pas naturalisés? Pourquoi n'a-t-on pas offert à M. Picot[1]), professeur de langue roumaine à la Sorbonne, tout au moins la naturalisation comme une distinction honorifique? Pourquoi pas à M. Weigand qui enseigne avec succès le roumain au Séminaire de Leipzig? Pourquoi pas à un De Gubernatis qui devrait passer, je pense, avant M. Sainéan? Pourquoi à M. Sainéan et non pas à M. Fava[2]), qui combat M. Bloch? D'ailleurs la publication d'ouvrages n'est pas un titre suffisant aujourd'hui pour obtenir le droit de citoyen français. Voyez plutôt : Voici un roumain pur sang, notre ministre à Bruxelles, M. Bengesco, qui a écrit plusieurs livres, couronnés par la plus grande Académie du monde, l'Académie française. Eh bien! croyez-vous qu'on lui accorderait là-bas la naturalisation, ainsi au pied levé, comme quelques-uns d'entre vous sont décidés à le faire pour M. Sainéan. Non, Messieurs!»

Tout commentaire affaiblirait l'effet merveilleux de cette débauche d'arguments creux, à laquelle s'ajoute la vieille passion du patriote pour les noms propres.

Pourquoi .....? Pourquoi ......?

Pourquoi faut-il absolument que notre patriote déraisonne? Est-ce qu'un éclair de bon sens ne pourrait pas illuminer ses crises de délire patriotique?

Cela me rappelle l'éloquente et laconique conclusion d'une conférence que M. Nicolas Jonesco, académicien et ancien collègue de M. Urechia, avait faite à l'Athénée roumain sur l'Empire vlacho-bulgare : «Messieurs, termina l'éminent orateur, je vous le répète : Crétin, s'il le faut, mais crétin national!»

---

1) M. Picot rira le premier de la naïveté de notre patriote; d'ailleurs, ce n'est pas à la Sorbonne, mais à l'École des langues orientales vivantes, que professe l'éminent philo-roumain.

2) M. Fava méritait d'autant plus une semblable faveur que, à peine rentré en Italie, il commença, dans la presse italienne, une campagne des plus violentes contre les Roumains et le roumanisme.

V

Cependant, pour dissiper les incertitudes de M. Urechia, je reproduirai, en grande partie, la lettre ouverte que je lui adressai à cette occasion, en réponse aux calomnies qu'il lança contre moi au Sénat. Lorsque je cherchais à publier cette réplique, fort anodyne d'ailleurs, *aucun* journal roumain, excepté le *Romanul* (10 Mai 1895), n'accepta de l'insérer dans ses colonnes. Partout le refus était motivé en ces termes: «Nous reconnaissons que M. Urechia est une honte pour notre nation, mais il est Président de la Ligue culturale!» Cette simple antithèse résume admirablement la vie et le caractère de cet étrange personnage.

Mais revenons à la lettre en question.

Monsieur,

Il y a 4 ans que vous avez mis en scène au Sénat le premier acte de votre haine contre moi, alors que vous couriez de sénateur en sénateur, et que vous obteniez que je fusse unanimement repoussé du sein de la cité roumaine.

J'étais, à cette date-là, encore novice dans la souffrance. A peine revenu de l'Étranger, plein d'enthousiasme pour l'avenir de la science dans notre pays, encouragé par une jeunesse bienveillante et par l'opinion publique, cet échec m'a surpris comme un coup de foudre, mais ne m'a pas abattu. J'avais la conviction qu'après avoir été votre victime, vous vous estimeriez satisfait. Je nourrissais l'espoir que voyant mes efforts incessants, au milieu de circonstances défavorables, vous reviendriez de votre erreur passée et que vous ne persisteriez pas si cruellement à blesser les plus nobles sentiments d'un homme, au point d'attenter à son honnêteté et à sa conscience scientifique.

Après 4 ans, votre animosité contre moi est restée la même qu'au premier jour, et vous avez aussi peu que possible cherché à la cacher au public. Mais la haine rend aveugle, et tout homme de cœur ne pourra que sourire de pitié, en lisant les arguments faux et puérils que vous avez débités dans votre discours au Sénat.

Pendant toute la session de cette année (1895), vous n'avez cessé d'infiltrer le venin de votre haine dans les esprits de vos collègues. Vous avez répété sans relâche, dans les coulisses du Sénat et dans son enceinte, cette grave accusation que moi, philologue roumain, j'aurais dénigré le pays, et insulté la nation roumaine dans mes écrits. La lettre de M. Hasdeu répondait précisément à cette accusation. Et après avoir saturé l'athmosphère du Sénat d'une inculpation si indigne, et quand tout le monde s'attendait, comme moi, à vous la voir formuler, vous avez eu le courage de vous démentir vous-même, en déclarant, du haut de la tribune du Sénat : «Non, M. Sainéan n'a rien publié contre le pays, mais il n'a pas écrit non plus en faveur de la question nationale !»

Le bon sens suffirait pour réduire à néant de pareilles énormités, si elles n'entraînaient après elles de si tristes conséquences.

Depuis 12 ans que je cultive la philologie roumaine, je me suis toujours tenu à l'écart des discussions politiques), et cela pour la bonne raison que la science doit rester sereine, et planer aux dessus de telles préoccupations. Qu'y a-t-il de commun entre la question nationale et la philologie, les mathématiques et la médecine ? Je ne connais pas un seul professeur de notre Faculté des lettres, à part vous, qui ait écrit sur cette question. Est-ce que MM. Maioresco, Odobesco et Hasdeu ont publié quoi que ce soit là-dessus ? Et si l'on ne peut en faire un reproche à ces maîtres, comment mon silence prouverait-il un manque de sentiments roumains ?

De même que je n'ai jamais écrit sur les événements du jour, dans aucun journal politique, de même je déclare solennellement qu'aucune ligne de ma main n'a paru dans les journaux israélites du pays et de l'Étranger. Tout à mes études qui seules peuvent me consoler des amertumes du moment, je ne me suis pas préoccupé, ni ne me préoccupe de ce que publie le rabbin Bloch ou de ce qu'écrit le journal israélite *l'Egalité*.

Au lieu de perdre mon temps à réfuter des articles de polémique, ce dont vous me faites un chef d'accusation, j'ai tâché de me rendre utile à mon pays dans le domaine scientifique. Vous m'accusez, Monsieur, de ne pas avoir écrit en faveur du roumanisme. Mais lorsque j'approfondissais, dans ma *Sémasiologie,* l'évolution idéale de la langue roumaine ; lorsque je suivais, dans l'*Histoire de la philologie,* notre mouvement intellectuel dans une direction spéciale ; lorsque je pénétrais dans l'âme du peuple roumain par mes études sur les *Fées méchantes* et sur les *Jours de la Vieille ;* et lorsque, naguères, je consacrais à notre littérature populaire un monument de labeur et de patience qui introduira les créations du génie roumain dans le folklore européen — est-ce que je ne mettais pas au service du pays et du roumanisme toute mon intelligence et toute ma persévérance ?

Et quant aux souffrances des Roumains de la Transylvanie, permettez-moi de croire que personne ne peut éprouver plus profondément leur douleur que moi, honni comme eux, moi, qui ai tant de fois senti les griffes de la persécution. Oui, je ne puis que sympathiser du fond du cœur avec les victimes de toute persécution, et je suis persuadé que les nobles martyrs de la cause roumaine désapprouvent vos menées contre moi. Ils déplorent certainement votre obstination d'offrir à l'opinion publique un spectacle si affligeant.

Je termine, Monsieur, en vous remerciant pour les éloges que vous avez bien voulu m'adresser. Ils me coûtent assez cher pour que je puisse croire à leur sincérité. Vous proclamez mes mérites et mes capacités du haut de la tribune du Sénat et, néanmoins, vous ne me croyez pas digne d'une faveur qu'en principe vous ne me contestez pas. Une contradiction si flagrante, chez un esprit impartial, est de nature à surprendre.

VI

Affligé par tant de misères et sentant ma vue s'affaiblir, je me décidai à quitter le pays pour quelque temps. L'École Normale Supérieure de Bucarest, où j'avais enseigné un certain nombre d'années, venait justement d'être supprimée par M. le ministre Haret. La plupart des maîtres de conférences de cette institution, étant en même temps professeurs à l'Université, ne perdirent au fond pas grande chose par cette suppression. Mais moi, je perdis tout, attendu que le traitement que j'avais à cette école constituait mon unique revenu de l'État. Étant laissé provisoirement en dehors des cadres de l'enseignement public et ayant absolument besoin de repos pour mes yeux, éprouvés par la publication de mon ouvrage sur les *Contes roumains*, je partis pour l'Étranger, avec l'espoir qu'après un an ou deux, ma situation anormale prendrait fin. Une lettre de mon ancien maître, M. Gaston Paris, me raffermit dans cet espoir. Voici ce que m'écrivait l'illustre romaniste, le 29 juin 1895 :

«Vous ne devez pas céder à un découragement trop justifié. Il me semble impossible qu'on s'obstine à vous refuser une naturalisation que vous avez si brillamment méritée. Cela est tellement extraordinaire, que je suppose que vous avez dû vous faire des ennemis puissants ; mais une telle opposition ne peut s'éterniser. Votre tâche est évidemment de faire pénétrer dans votre patrie la science à laquelle vous êtes si profondément initié et que vous avez déja fait avancer. Vous finirez certainement par réussir. *Chi la dura, la vince*».

Optimiste par nature, je crus que nos hommes politiques, si méchants soient-ils, finiraient par reconnaître mes mérites incontestables dans le domaine de la langue et de la littérature roumaines. A Paris, et ensuite à Berlin, où je me rendis l'année suivante, j'ai cherché à compléter mes connaissances philosophiques, en tant que la philosophie est en relation avec la Science du langage, tout en préparant assidûment mon ouvrage sur l'*Influence orientale*. C'est là également que j'ai eu l'occasion de me mettre au courant du problème religieux contemporain, et qu'il m'a semblé être arrivé à une certaine clarté à cet égard. Mais je me réserve de revenir sur ce point à une autre occurence.

Plongé donc dans ces études, profondes et sereines, j'oubliai pour un temps et la méchanceté obstinée de nos hommes politiques et leurs cruelles perfidies. J'espérais, du moins, que le silence que j'opposai à toutes les lâchetés commises contre moi, finirait par désarmer une haine sans cause, ni fondement. Quoi qu'il en soit, j'étais décidé à reprendre une nouvelle vie, et, si je réussissais à régulariser ma position sociale, à consacrer tous mes efforts au renom intellectuel du pays.

Vers la fin du mois de novembre 1899, je rentrai à Bucarest, laissant ma femme malade à Berlin. Le ministre de l'Instruction publique était alors M. Take Jonesco: j'allai le voir et lui exposer mes nouvelles espérances. M. Take Jonesco me répondit qu'il approuvait complètement mes vues et me promit formellement de s'intéresser de près à mon sort. Je le trouvai alors dans un moment psychologique très pénible. Il était profondément affligé par la maladie de sa femme, et sa voix vibrait de cette chaude sympathie pour les douleurs humaines qui lui avait gagné tous les cœurs. Le voyant si sincère et affable, je fus comme subjugué. Enfin, me disais-je, j'ai trouvé l'homme capable d'apprécier les services que j'ai rendus au pays et qui, en m'aidant à obtenir, moi aussi, une place au soleil bienfaisant de la Roumanie, aura bien mérité de la patrie.

Dans la première moitié du mois de décembre, je lui rendis visite, et lui écrivit, plusieurs fois, au sujet de mon cas. Dans toutes ces lettres, je le priais de ne pas perdre de vue la gravité extraordinaire qu'aurait pour moi un échec éventuel. Comme M. Take Jonesco jouissait dans les deux Corps législatifs d'un prestige incomparable, c'était une bagatelle pour lui, dont «les épaules d'Atlas supportaient alors la charge de huit ministères», que de m'obtenir une situation légale et de me procurer ainsi la tranquillité nécessaire à mes travaux scientifiques.

Mais, ô profond mystère de la nature humaine! J'étais justement au comble de l'admiration pour ce jeune avocat, déjà illustre, quand il se chargea lui-même de me ramener à la triste réalité. Deux semaines ne s'étaient pas passées depuis que j'avais été reçu avec un intérêt si marqué, que voilà M. Take Jonesco qui m'abandonne, juste au moment décisif, malgré ses promesses réitérées.

Heureusement que, lorsque vint mon tour d'être soumis au vote, il ne restait plus dans l'enceinte du Sénat que 39 sénateurs, qui me connaissaient personnellement et qui votèrent tous pour le projet de loi. C'est grâce à cette circonstance extraordinaire que je dois d'avoir passé dans des conditions aussi surprenantes.

VII

Enfin, me voilà citoyen roumain! Après 12 ans de continuels efforts et de souffrances indicibles, me voilà arrivé au port tant désiré! Aussitôt je respirai à pleins poumons l'air de cette patrie que je pouvais enfin nommer *la mienne*. Il me semblait que ma poitrine s'élargissait, qu'une lueur inaccoutumée m'inondait l'esprit. Les mystères de l'histoire se révélaient tout à coup à mon âme, et soudain me devint palpable la relation entre la Rome antique et sa moderne descendance. Je commençai à me sentir roumain! A quoi bon tant d'années d'études et de labeur, quand un seul moment heureux peut vous faire pénétrer si profondément dans l'âme du peuple roumain! Oui, de ce moment seulement, je m'expliquai pourquoi tous les problèmes sociaux se présentent à l'intelligence patriotique sous un jour aussi clair. Et dès lors je compris jusqu'aux convulsions de M. Urechia et jusqu'à sa noble indignation contre ceux qui ne brûlent pas comme lui du feu sacré du culte national.

Civis romanus sum!

Mais, hélas! Il ne m'a pas été donné de nourrir cette

douce illusion plus de 24 heures. Je prie mes biographes futurs de bien se garder d'oublier cet événement extraordinaire. Que tout le monde le sache : les services que j'ai rendus à la patrie ne sont pas restés sans une digne récompense : 24 heures j'ai appartenu *politiquement* à la nationalité roumaine !

Je nageais encore en pleine félicité, quand trois jours après, je me rendis à la chancellerie du Sénat pour m'informer si mon dossier avait été transmis au Conseil des ministres, afin de pouvoir entrer en possession de mon diplôme de naturalisation. Quelle ne fut ma surprise, en apprenant que l'honorable M. Dissesco, nouveau ministre de la justice, avait déjà fait renvoyer ma demande à la Chambre, sous prétexte qu'elle n'avait pas passé par les deux Assemblées dans une seule et même législature ! Le lecteur se rappelle peut-être, qu'après avoir réussi à la Chambre, j'avais échoué au Sénat ; maintenant j'avais réussi au Sénat et l'on me renvoyait de nouveau à la Chambre ! Tous les ministres, antérieurs à M. Dissesco, avaient, en cas pareil, adopté la règle de combiner les deux votes et de promulguer la loi. Nombre de précédents, admis par des ministres, appartenant aux différents partis et fractions politiques, plaidaient en faveur d'une semblable pratique. M. Dissesco, qui professait dans son cours de droit à l'Université une théorie contraire, crut le moment venu de l'appliquer. Et après l'interpellation, adressée au ministre par l'honorable sénateur M. Cornéa, le Sénat ratifia purement et simplement la théorie de M. Dissesco. Je reproduis, aux annexes, in-extenso cette intéressante discussion, dont j'abandonne l'appréciation à qui de droit.

Qu'on me permette toutefois une seule réflexion.

Comment un simple vote du Sénat peut-il trancher une question d'une telle importance et créer du même coup la même norme pour la Chambre ? Comment un des Corps législatifs peut-il préjuger de l'attitude de l'autre ?

Le rigorisme juridique de M. Dissesco était incontestablement respectable, mais comment se fait-il que cet éminent théoricien n'ait pas cherché à mettre un terme, au moment du vote, aux influences personnelles et franchement affichées des adversaires du candidat à la naturalisation ?

Donc, d'un côté, l'arbitraire manifeste et la violation patente de la Constitution, quand il s'agit de rendre inaccessible la citadelle des naturalisations ; et d'autre part, licence absolue de paralyser le mécanisme constitutionnel.

L'article VII de la Constitution, fort beau en théorie, se trouve surchargé dans la pratique d'une série de dispositions reglémentaires qui en rendent l'application extrêmement difficile, et sont en flagrante contradiction avec la Constitution. Il en est ainsi, par exemple, au sujet des deux tiers des voix, exigées au Sénat, pour l'adoption d'un projet de naturalisation [1]). Puis, voici venir encore M. Dissesco qui, par sa théorie universitaire, élèvera une barrière insur montable au candidat à l'indigénat. Tandis qu'autrefois le fait d'avoir échoué dans un des Corps législatifs, après avoir réussi dans l'autre, n'était pas un motif à se décourager complètement, car on avait adopté le principe du droit acquis ; — maintenant, de par l'interprétation inconstitutionnelle de M. Dissesco, une demande de naturalisation se trouve exposée à un perpétuel va-et-vient d'un Corps à l'autre, de sorte que l'obtention du droit de cité n'est plus qu'une vague espérance, à la réalisation de laquelle la vie d'un homme ne saurait suffire. Par ces surcharges, graves et arbitraires, l'article VII devient un principe illusoire, une formule creuse.

Cela étant, ne serait-il pas plus sage et plus humain, pour les deux parties intéressées, de fermer une fois pour toutes cette baraque aux naturalisations, et d'y inscrire

---

1) L'article 45 de la Constitution est ainsi formulé : «Toute résolution est prise à la majorité des suffrages, sauf ce qui sera arrêté par les règlements de l'Assemblée, à l'égard des élections et des présentations».

comme étiquette la dévise connue de nos politiciens : «A résoudre dans trente ans !»

Le jour même où M. Cornéa interpellait M. Dissesco au Sénat (le 19 Décembre 1899), j'eus l'honneur d'être reçu en audience par le Roi. Sa Majesté qui tant de fois avait daigné s'intéresser à ma cause, me reçut cette fois encore avec une rare bienveillance. Lorsqu'il fut question de la difficulté inattendue soulevée à mon égard, par la susdite interprétation, Sa Majesté voulut bien me dire :

— «M. Dissesco m'a parlé de son interprétation. Je lui ai déclaré qu'elle n'est pas juste, qu'elle est contraire à l'esprit de la Constitution, ainsi que les deux tiers du Règlement du Sénat».

Le même jour, j'appris le vote du Sénat qui adoptait comme règle l'interprétation de M. Dissesco. Appelé subitement à Berlin, auprès de ma femme, dont la maladie s'était aggravée, je fus obligé d'abandonner pour le moment ces préoccupations et de me rendre à l'Étranger. C'est à peine si le 1 Mars, l'état de santé de ma femme me permit de rentrer avec ma famille dans le pays.

A partir de cette date, mes rapports avec M. Take Jonesco prirent un caractère tout différent. Il devint pour moi un personnage mystérieux, tout aussi inaccessible que le grand Lama. C'était une chance extraordinaire quand je pouvais l'aborder à la Chambre. Toujours la même attitude : de belles promesses, et puis une parfaite indifférence.

Conformément à l'interprétation de M. Dissesco, on avait renvoyé mon projet de naturalisation à la Chambre, où j'avais passé 4 ans auparavant avec une grande majorité.

Tous mes efforts auprès de M. Ollanesco, Président de la Chambre, pour que mon indigénat fût mis à l'ordre du jour, demeurèrent inutiles. Après d'innombrables délais, mon tour vint, enfin, précisément au dernier jour de la session parlementaire (le 3 avril 1900). M. Take Jonesco m'abandonna cette fois encore à mon triste sort.

Tous mes ennemis avaient eu le temps de se préparer

à l'assaut, et un député, M. Soïmesco, se fit leur porte-parole. Ce monsieur, dont le sentiment d'honneur égale l'intelligence, crut digne de *La Défense nationale* qu'il représentait au Parlement, de vomir sur l'Assemblée le contenu de quelques vils pamphlets que cet organe antisémite — la *Libre Parole* de la Roumanie — avait publiés contre moi. Le discours qu'il prononça à cette occasion sera pour le futur psychologue un exemple illustre des aberrations, où peuvent conduire la stupidité et l'ignorance alliées à la haine.

Le résultat du vote étant nul, la solution de la question fut renvoyée à la session d'automne.

M. Take Jonesco ne se contenta pas de m'abandonner à un échec certain ; comme ministre des finances il jugea encore à propos, M. Hasdeu venant d'être mis à la retraite, de rayer du budget, sans consulter la Faculté, la chaire de Philologie comparée. Et pourtant, il savait fort bien que j'étais en Roumanie le seul spécialiste dans cette branche et que j'avais acquis un double droit à cette chaire, comme suppléant pendant trois ans de M. Hasdeu et comme auteur de travaux linguistiques. Cette mesure n'était pas non plus prise par économie, attendu que la chaire similaire d'archéologie de feu Odobesco, bien que restée sans titulaire, subsiste encore aujourd'hui au budget.

M. Hasdeu, de son côté, n'a pas cru devoir faire opposition, étant donné l'indifférentisme qui domine chez nous, dans le domaine de la science, comme dans celui de la politique. Nulle part de continuité, de respect pour une tradition : *Après nous le déluge !*

Tandis qu'en Occident, l'idéal du maître est de laisser un continuateur qui perpétuera sa doctrine, chez nous, un savant est fier de pouvoir se dire à la fin de sa carrière : il ne s'est trouvé personne pour me remplacer ! Et cependant, trois années durant, j'ai rempli avec honneur la charge qui m'avait été confiée par M. Hasdeu lui-même ; mais en reconnaissance des services que je lui ai rendus à lui-même et à la science, il a consenti à la suppression de cette chaire qui était pour moi l'unique ressource pour le présent et le seul espoir pour l'avenir. M. Take Jonesco, de son côté, en la rayant du budget, m'a donné le coup de grâce...

En présence de procédés aussi destructifs, je me demande avec un profond étonnement : Si M. Take Jonesco, *m'étant bienveillant*, a compromis ma situation sociale, m'a livré au fanatisme antisémite et a supprimé la seule chaire, à laquelle je pouvais aspirer sans provoquer des susceptibilités ; si, bref, il m'a enlevé jusqu'à la possibilité d'une carrière.... quel mal plus grand aurait-il pu me faire, *étant mon ennemi ?*

VIII

Préoccupé de la publication de mon ouvrage sur *l'Influence orientale*, j'oubliai pour le moment et l'égoïsme des hommes et ma situation déplorable. Bien que je me sois heurté tant de fois à la méchanceté humaine, je nourrissais cependant l'espoir de pouvoir finir une fois mes jours sur le sol sacré, où reposent les cendres de mes parents. Après une vie de labeur intellectuel, mise au service de la patrie, une telle aspiration n'était, il me semble, rien moins que modeste et légitime.

J'attendais donc avec une émotion inexprimable le vote de la Chambre. Arrivé à l'âge mûr, mes forces épuisées, abattu par tant des souffrances, un échec anéantissait toute ma carrière, compromettait tout mon avenir. Je me trouvais dans l'impossibilité de reprendre une seconde fois ce dure pélerinage vers la naturalisation, puisque l'interprétation de M. Dissesco en avait fait un véritable supplice de Sisyphe. Il ne me restait donc plus qu'à désespérer ou à me résigner.

Un moment, ma pensée se reporta encore aux promesses de M. Take Jonesco. Deux fois déjà il m'avait fait expier la légèrete de sa parole. Mais enfin je me disais : il est doublement obligé de ne pas faillir à sa promesse formelle, comme homme conscient de ce qu'il dit et comme patriote ayant à cœur le prestige moral du pays.

C'est dans ces dispositions, que je fus reçu en audience par le Roi, pour lui présenter mon ouvrage récemment paru sur *l'Influence orientale*. Sa Majesté voulut bien me demander cette fois encore, où j'en étais de ma naturalisation, et me rassurer sur le succès final.

— «M. Take Jonesco, me dit le Souverain, est bien disposé à votre égard. Il m'a promis de vous faire passer.

— Sire, M. Take Jonesco m'a deux fois abandonné au gré des circonstances, d'abord au Sénat, et puis à la Chambre. Je crains fort que, cette fois encore, il n'en soit de même.

— Je vous autorise à dire à M. Take Jonesco que Je vous ai chargé, Moi, de lui rappeler la promesse qu'il M'a faite».

En même temps je me suis présenté aussi chez M. Carp, Président du Conseil des ministres. C'était la seconde fois que j'avais l'honneur de lui parler. Douze ans auparavant, à mon retour de l'Étranger, plein d'illusions et d'enthousiasme, je lui avais exposé mes intentions de contribuer, par une vie de travail, au progrès de la science en Roumanie. M. Carp qui, lui-même, avait dans sa jeunesse rêvé un avenir social grandiose pour notre pays, déjà alors, sceptique et blasé, accueillit avec bienveillance mes paroles enthousiastes, puis se contenta d'observer : «Fort bien, mais avec qui voulez-vous faire de la science ? avec Hasdeu ?...» Et un geste de souveraine ironie compléta sa pensée, à demi exprimée.

Cette fois, ce n'était plus le jeune homme plein d'illusions qui se présentait chez M. Carp, mais un homme profondément éprouvé par les misères de la vie, et qui venait solliciter du Président du Conseil son concours dans une situation désespérée.

J'attirai donc l'attention de M. Carp sur la gravité exceptionnelle de ma position et sur l'impossibilité, où je me trouvais d'assiéger à nouveau un fort que M. Dissesco avait rendu imprenable. Pour toute réponse, M. Carp se contenta de scander, en souriant, l'hexamètre bien connu :

Gutta cavat lapidem, non vi sed saepe cadendo.

La façon de scander était irréprochable, et ce mode original de résoudre une question vitale m'a paru trahir toute une philosophie.

Tout autre fut l'accueil que me fit M. C. C. Arion, ministre de l'Instruction publique. Il m'assura formellement de son concours et de celui du gouvernement : «Vous êtes le seul philologue roumain parmi les jeunes, et c'est une anomalie que vous ne soyez pas encore naturalisé», furent ses propres paroles, quand je pris congé de lui.

En effet, le moment venu, il se donna toutes les peines du monde pour ma cause. Que pouvaient cependant ces efforts généreux, mais isolés — M. Take Jonesco fit défaut cette fois encore — contre la propagande fanatique de quelques membres du Parlement ? La feuille antisémite *la Défense Nationale*, inspirée directement par M. Urechia, mena contre moi une véritable croisade, dans laquelle le fanatisme atteignait au comble de la bêtise et du ridicule. Le futur historien du chauvinisme roumain suivra là avec intérêt les dernières convulsions du délire patriotique, tel qu'il se produisit sous la forme moderne de l'antisémitisme.

Le vote étant de nouveau nul le premier jour, la tragicomédie fut reprise le lendemain sous les mêmes auspices. Les sectaires zélés de la *Défense Nationale*, représentés à la Chambre, ne reculèrent devant aucune lâcheté. Ils firent circuler, dans l'enceinte même, une feuille volante, pleine des provocations, aussi grossières que stupides. Un jeune député, avocat, se fit gloire de suspendre ce pamphlet à l'urne. Les deux fils de M. Cantacuzène, qui, lui, présidait cette séance mémorable (15 décembre 1900), se postèrent personnellement devant cette même urne, afin d'exhorter les députés à voter contre moi. D'autres y déposèrent deux billes noires, ce qui, bien entendu, est contraire au Règlement, afin de rendre l'échec inévitable.

Au milieu d'une agitation fébrile, dans le tumulte d'une discussion assourdissante, c'est à peine si l'on entendait M. le ministre Arion et quelques autres amis faire appel à la raison et à la justice.

Le fanatisme eut à enregistrer un nouveau triomphe et entonna, dans sa feuille attitrée, un véritable hymne de louange et d'actions de grâce.

Voici les résultats définitifs du vote, en parallèle avec ceux obtenus en 1893 à la même Chambre, dans des conditions de légalité absolument identiques : cette comparaison est suffisamment instructive, et je l'offre aux méditations de l'honorable M. Dissesco, l'auteur de la nouvelle interprétation de l'article VII de la Constitution.

Le 17 avril 1893 :	Le 15 décembre 1900 :
On met aux voix par billes le projet de loi dans son ensemble.	On revient sur le vote resté nul dans la séance précédente de la Chambre.
Votants 96	Votants 93
Majorité absolue . 49	Majorité absolue . 47
Billes blanches . . 76	Billes blanches . . 45
Billes noires . . . 20	Billes noires . . . 48
L'Assemblée adopte le projet de loi.	L'Assemblée rejette le projet de loi.

Et c'est ainsi que je suis sorti pour toujours du cercle vicieux, dans lequel je tournais depuis 12 ans...

Deux mots encore avant de finir.

J'étais, on s'en rappelle, rentré au pays en 1889, animé de la plus noble ardeur, prêt à vouer toutes mes forces à notre modeste mouvement scientifique. Tous ceux qui ont suivi les progrès de l'esprit roumain pendant ce dernier quart de siècle, ne contesteront pas que j'ai, quinze ans durant, donné l'exemple, rare chez nous, d'une vie intellectuelle continue. Et cela au milieu de circonstances absolument défavorables : découragé à chaque pas, avec ma situation dans l'enseignement sans cesse menacée, et attendant toujours, mais en vain, que l'heure de la justice vienne.

Isolé dans ma douleur qui n'avait d'égale que mon zèle pour le travail, j'étais sans trêve en but aux attaques les plus indignes, l'objet d'un vrai *bellum omnium contra unum ;* et chaque effort que je tentais pour désarmer mes ennemis, ne faisait que les exciter d'avantage. Malgré cette existence tourmentée, j'ai pu achever des ouvrages tels que l'*Histoire de la philologie,* les *Contes roumains* et l'*Influence orientale,* des œuvres qui m'auraient valu une position honorable dans n'importe quel pays civilisé de l'Europe.

La science exige de ses adeptes assez de sacrifices pour qu'on doive leur épargner d'être traînés dans les agitations et les passions du jour. Chez nous, en particulier, où le travail intellectuel commence à peine, où l'émulation scientifique n'existe même pas, le savant a plus besoin qu'ailleurs de tranquillité. Et néanmoins, après tant de tourments et d'années de labeur, j'ai dû constater, le désespoir dans l'âme, qu'en récompense de tous ces nobles efforts, je n'ai pu recueillir que fiel et que haine...

Le dernier échec, échec définitif de ma naturalisation, coïncide avec l'apparition d'une de mes œuvres les plus importantes : l'*Influence orientale sur la langue et la civilisation roumaines.*

Bien que profondément affecté par ce qui s'est passé, je suis fier de pouvoir, à cette heure, donner au pays ce livre, comme suprême témoignage de mon amour pour la langue et le peuple roumains. Si c'est mon destin de finir mes jours sur le sol étranger, on me verra toujours fidèle au culte de cette langue, à laquelle j'ai consacré les plus belles années de ma vie, et c'est elle qui me consolera tout au moins de la patrie perdue.

ANNEXES

La brochure roumaine qui paraît en même temps que cette édition française, contient, dans ses Annexes, une série d'actes justificatifs, relativement aux questions suivantes :

A. Ma nomination à l'Université ;

B. L'échec au Sénat ;

C. Le dossier Urechia (considéré comme homme, écrivain, patriote, professeur etc.) ;

D. L'interprétation de M. Dissesco ;

E. La dernière carte...

J'ai cru utile de reproduire, ici, ces deux dernières annexes.

I

Séance du Sénat du 19 décembre 1899.

M. M. Cornéa : Messieurs les Sénateurs, j'ai demandé la parole pour vous prier de vouloir bien résoudre une question, qui paraît être à quelques-uns sujette à controverse.

Voici de quoi il s'agit : un indigénat, adopté par la Chambre et rejeté par le Sénat, mais qui sera ensuite admis par celui-ci dans une autre session, est-il oui ou non valable ? Faut-il que cet indigénat retourne à la Chambre, pour être voté à nouveau, ou satisfait-il à la Constitution, du moment qu'il a déjà eu l'approbation de l'autre Corps législatif ?

Cette question est encore controversée, attendu que ni dans la Constitution, ni dans le Règlement, je ne trouve un texte de loi positif, sur lequel on puisse établir l'une ou l'autre interprétation, de façon à exclure toute interprétation contraire. Voilà pourquoi il s'est produit depuis une trentaine d'années, pour ne commencer qu'à partir de 1868, diverses opinions sur la manière de procéder en pareil cas.

Quelques-uns ont soutenu qu'un projet de loi voté par la Chambre, mais repoussé par le Sénat, est nul et non avenu et qu'un pareil projet de loi devrait de nouveau passer par la Chambre et par le Sénat.

D'autres, par contre, ont dit que, pour qu'un projet de loi devienne loi, il suffit — et la Constitution elle-même n'en exige pas d'avantage — qu'il ait été approuvé par la Chambre et le Sénat, peu importe que cette approbation ait été donnée dans la même législature, ou que l'un des deux Corps se soit prononcé contre dans l'intervalle ; mais qu'une fois rejeté, il suffit que ce projet soit admis dans la suite, pour qu'il puisse être promulgué immédiatement, après avoir obtenu le second vote.

Messieurs, dans le domaine des théories purement abstraites, toutes les idées sont respectables, toutes les opinions peuvent se produire. Et la preuve, c'est qu'on a émis aussi cette opinion, qu'un projet de loi, voté par la Chambre et repoussé par le Sénat, peut de nouveau être soumis au vote du Sénat, et promulgué de droit, si le Sénat l'adopte sans qu'il sois nécessaire de le retourner à la Chambre, si c'est dans la même législature.

Quant à nous, messieurs, nous n'avons pas à faire, comme Corps légiférants, de théories abstraites, et nous n'avons pas la prétention de donner la solution théorique la plus vraie, la plus rationelle, car en théorie pure nous aurions beaucoup à dire, et les uns et les autres.

Nous sommes un Corps politique et comme tel nous devons, avant tout, tenir compte non pas des idées abstraites et théoriques, mais de leurs conséquences pratiques.

Aussi bien, si l'on poursuit longtemps cette controverse, voici le résultat auquel nous arrivons :

Selon que les ministères ont changé et que des membres appartenant aux deux partis différents se sont succédé au ministère de la justice, voici ce qui s'est produit :

M. Cristofi Zerlenti a été naturalisé dans les mêmes conditions, où vous avez admis l'indigénat de M. Rosenthal [1]), il y a quelque jours. Il fut voté par la Chambre, repoussé par le Sénat, puis admis par celui-ci dans une autre session, et sa naturalisation fut immédiamement promulguée. Et aussitôt après cette promulgation, M. Zerlenti — vous vous le rappelez bien, puisque cela a produit une grande sensation — a été élu sénateur avec une majorité écrasante contre M. I. C. Bratiano, à Bucarest, et a fait partie du Sénat conservateur.

Voilà un cas.

On a tenu pour valable ce procédé, suivi depuis lors, c'est-à-dire que l'on a fait la promulgation immédiatement après ce deuxième vote du Sénat qui, combiné avec le vote exprimé par la Chambre, constitue les deux votes des Corps législatifs, seule condition exigible pour qu'un projet de loi devienne loi et puisse être promulgué.

Voici un autre cas : Nous avons, au milieu de nous, l'honorable représentant du I-er collège de Dimbovitza, M. Grigoresco, dont la naturalisation a été accordée dans les mêmes conditions ; elle fut admise par la Chambre, repoussée par le Sénat, puis, admise par ce Corps, elle n'est plus revenue à la Chambre, et fut promulguée. Et la conséquence de ce procédé et de la naturalisation obtenue

1) Le cas de M. Rosenthal était identique au mien.

est que ce monsieur est aujourd'hui membre du Sénat conservateur.

Je m'arrête un peu, messieurs, au cas de M. Grigoresco, originaire de Tirgoviste. Votant toujours pour le parti conservateur, dans nos luttes politiques, il vota donc contre M. D. Giani, qui était le maître des élections politiques de Tirgoviste. Or, M. Giani a interpellé à ce sujet M. Statesco. Je ne vous lirai pas le discours de M. Statesco, mais je vous donnerai son opinion comme jurisconsulte, et non comme ministre.

Voici ce qu'il dit :

«On m'a demandé, si une loi en pareilles conditions, c'est-à-dire votée par la Chambre, repoussée par le Sénat, puis de nouveau présentée et admise par le Sénat, peut-être promulguée ?

«Comme jurisconsulte, je ne crois pas que l'on puisse demander autre chose que d'avoir deux votes, l'un de la Chambre et l'autre du Sénat, dans le cas où le texte voté par le Sénat ne diffère en rien du texte voté par la Chambre ; car si l'on y introduit quelque amendement, le texte doit être renvoyé à la Chambre pour être de nouveau mis aux voix».

Voilà l'opinion de M. Statesco.

Je comprends, messieurs, que sur ce point il y ait plusieurs opinions, car ni la Constitution, ni le Réglement ne résolvent la question d'une manière précise ; aussi pouvons-nous chacun avoir des avis différents en théorie.

Pour cette raison, j'ai cru devoir citer des précédents et diverses interprétations, entr'autres celle de M. Statesco, consignée dans les archives du Sénat, où, qui voudra, pourra la contrôler.

M. le directeur de la chancellerie du Sénat me remet encore un dossier datant de 1868 ; le ministre de la justice était alors feu Costaforo. Dans ce dossier, je trouve une loi d'impôt communal, qui a été rejetée par le Sénat, après avoir été votée par la Chambre, — je vous prie de remarquer que c'était une loi des plus graves, puisqu'il s'agissait d'un impôt, — ce rejet a amené la dissolution du Sénat, prononcée précisément à cause de ce rejet, me parait-il, et le Sénat étant réelu, la loi lui a été présentée de nouveau, par un message et admise sans modification, telle que l'avait votée la Chambre. Le dossier ci-présent vous prouve que le ministre de la justice Costaforo a promulgué la loi, sans la renvoyer de nouveau à la Chambre.

En 1887 il se présente un autre cas, à l'occasion duquel on vote une motion, où l'on précise davantage la question, et si je vous citais seulement les paroles de M. Statesco, vous pourriez me répondre, que c'est l'opinion de M. Statesco ; mais que celui-ci, comme tout homme de droit, ne cherchait pas à l'imposer à tout prix et ne prétendait pas non plus être, lui seul, dans le vrai ; mais il demanda au Sénat de voter ou de rejeter la motion qu'on avait présentée, afin que l'on sût dorénavant quelle norme suivre. Sur cette conclusion, la motion a été mise aux voix et admise à l'unanimité.

Cette motion, traduite dans un langage plus clair, signifie qu'un indigénat, voté par la Chambre, bien que repoussé une fois par le Sénat, puis admis par lui, peut être promulgué, sans plus retourner à la Chambre.

Voilà le précédent qui a été créé le 3 Mars 1887.

Je ne veux pas, messieurs, abuser de votre temps, car je pourrais discuter de même une opinion non seulement contraire, mais contraire à toutes les opinions qui se peuvent soutenir, à savoir que, si un projet de loi a été voté pendant une législature par un Corps, il ne peut plus du tout être voté dans une autre législature par l'autre Corps, mais doit être renvoyé au premier Corps qui l'a déjà voté.

Cette opinion je ne puis la partager et je ne crois pas non plus que vous la partagiez.

Mais il s'est produit un autre cas : un ministre, étant dans le doute, dans une situation identique à celle où nous nous trouvons aujourd'hui, a renvoyé à la Chambre un projet de loi, au lieu de le promulguer directement, ainsi que le proposait M. Statesco, et la Chambre a renvoyé le dossier au Sénat avec ces mots : nous l'avons déjà voté une fois.

Je viens de vous citer différents exemples, en vous parlant de M. Zerlenti, de M. Grigoresco. Il en a été de même en 1891, pour l'avocat Cernéa, dont la naturalisation a été promulguée dans les mêmes conditions par M. Marghiloman ; et en 1896 pour M. Serachitopol, dont la naturalisation a été promulguée par un drapeliste (libéral dissident), M. Sendréa.

Par conséquent, cette procédure a été adoptée par un conservateur, M. Costaforo, par un junimiste (jeune conservateur), M. Marghiloman, par un libéral, M. Stoïcesco, et par le chef des chefs libéraux, M. Statesco. M. Djouvara, comme ministre de la justice, a promulgué également un indigénat dans les mêmes conditions ; et l'omniscient M. Pallade, comme ministre de la justice, en a fait de même.

Eh bien ! tels étant les précédents, je pense qu'ils constituent une norme que nous devons suivre dans cette question, car si nous en changions maintenant, je me demande : que fera-t-on de M. Grigoresco, dont la naturalisation a été promulguée d'une façon anti-constitutionnelle ? de M. Zerlenti, dont nous n'avons pas à nous occuper pour le moment ? mais surtout de M. Serachitopol qui, se croyant roumain, a acheté des terres, alors que les étrangers ne peuvent pas en acheter, et si sa naturalisation était inconstitutionnelle, qu'en adviendrait-t-il de ses terres, du droit du vendeur et de l'argent de l'acheteur ?

Voilà pourquoi je crois que nous ne pouvons rien faire de mieux que de maintenir la motion admise par le Sénat en 1887.

Je ne crois pas que M. le ministre de la justice, pour qui j'ai une si grande considération, à laquelle il a droit comme jurisconsulte et comme professeur, considérera comme un acte d'hostilité le vote que va émettre le Sénat.

Quel que soit le vote de l'honorable Assemblée, il ne constituera pas pour moi une victoire, ni une défaite pour M. le ministre ; et s'il est contraire à mon opinion, cela ne prouvera aucunement que je sors vaincu du combat.

J'ai une proposition à faire :

«Le Sénat, maintenant l'opinion exprimée par la motion votée dans la séance du 3 Mars 1887, passe à l'ordre du jour».

(ss) *Th. Vacaresco, M. D. Cornéa, Colonel Costesco, P. Danielesco, N. Procopesco.*

M. Dissesco, ministre de la justice: Messieurs les sénateurs, aussitôt que M. Cornéa a formulé la question, j'ai compris d'avance qu'il ne le faisait pas par esprit d'hostilité. D'ailleurs, il n'est même pas possible que nous puissions sur cette question nous échauffer à froid.

La question de M. Cornéa n'a pas de caractère politique, elle a été souvent discutée déjà.

Permettez que j'examine un peu cette question : un projet de loi de naturalisation est voté par la Chambre et envoyé au Sénat qui le rejette d'abord, puis l'adopte à une seconde présentation.

Il est indifférent que la deuxième présentation ait été faite par un Message ou non, car si la loi est accomplie en soi, elle reste parfaite ; si elle n'est pas accomplie en soi, rien ne peut lui donner force de loi. Elle reste nulle.

Dans la question qui nous intéresse, messieurs, nous nous trouvons en face de précédents, qui se contredisent les uns les autres, et qui émanent non seulement des différents ministres de la justice, mais du même ministre de la justice.

M. Statesco a promulgué des lois, d'après les explications qu'on vient de me donner, deux fois sans combiner les votes, et une fois en les combinant.

M. Marghiloman, dans un cas, s'est prononcé d'une façon et dans un autre cas d'une autre façon. M. Sendréa, de même. M. Djouvara, d'après les recherches que j'ai faites, a promulgué une naturalisation en combinant les votes. J'ignore ce qu'a fait M. Pallade. M. Stoïcesco parait avoir partagé l'opinion de M. Giani, dont vous a parlé M. Cornéa. En ce qui me concerne, je vous avoue que, depuis de longues années, je partage la conviction qu'une loi votée par la Chambre et repoussée par le Sénat est nulle et non avenue.

Mais il y a aussi des opininons contraires, et il est nécessaire de fixer une norme, car il s'agit de droits acquis ; il y a des personnes qui ont été naturalisées selon la théorie de M. Cornéa, qui se verraient atteintes dans leurs droits, si l'on admettait la théorie contraire.

Je reconnais que cette question n'a pas de caractère politique ; je vous avoue, qu'en pareille situation, ce qu'il y a de plus prudent, c'est que vous mettiez au vote la question qu'on vous soumet par la motion présente.

Voilà mon opinion.

— La motion de M. Cornéa ayant été mise aux voix, par billes, en voici le résultat :

Votants	95
Majorité réglementaire	48
Billes blanches	32
Billes noires	63

La motion est repoussée (Applaudissements).

II

La dernière carte...

Le journal *la Roumanie*, du 16 décembre 1900, sous le titre «Une naturalisation» :

Hier, à la Chambre, le vote sur l'indigénat de M. Lazare Sainéan, resté nul à la session dernière, a encore été nul (44 voix contre et 31).

Aujourd'hui, le sort de ce postulant sera réglé et il est fort probable qu'on refusera la naturalisation à un homme qui, ayant le malheur d'être né juif, ne ressemble que de fort loin à Shylock et à Gobseck, n'a jamais prêté à la petite semaine et est lauréat de l'Académie roumaine.

M. Lazare Sainéan a bien mérité du roumanisme, lui qui a publié un ouvrage de toute première valeur sur les contes roumains, étude comparée que M. Gaston Paris a appréciée dans les termes suivants : «Ne fût-ce que comme recueil de documents, ce livre aurait une grande valeur ; mais l'auteur, connu par d'excellents travaux linguistiques et mythologiques, ne se contente pas de rassembler des matériaux, il les classe et les interprète...»

On doit bien d'autres ouvrages à M. Lazare Sainéan : *De l'influence orientale sur la langue et la culture roumaines*, *Histoire de la philologie roumaine*, etc. Il est probable que les 44 députés, qui ont refusé leur suffrage à ce jeune savant, n'ont jamais lu une ligne de ses livres. Tant pis, ils auraient pu y apprendre quelque chose.

Un journal antisémite a mené une campagne très violente contre M. Lazare Sainéan ; tant pis encore, si l'*Apararea Nationala* jouit de quelque crédit chez nos législateurs. Nous ne voulons pas rechercher les dessous de cette campagne, cela nous entraînerait trop loin. Mais nous avons voulu protester, dans l'intérêt de notre bon renom à l'Étranger... L'Étranger se mêle souvent de ce qui ne le regarde pas ; mais s'il n'a aucunement le droit de s'immiscer dans nos affaires, il jouit du droit de critiquer notre esprit exclusiviste.

Si M. Lazare Sainéan ne peut acquérir la naturalisation, à quel Israélite l'accordera-t-on jamais sans faire une injustice à l'*écrivain roumain* qui ne peut réussir à l'obtenir ? Quels titres faut-il donc ?

Le même journal, du 17 décembre, sous le titre «Un fait regrettable» :

L'*Apararea Nationala* triomphe — et elle n'a pas le triomphe modeste ; c'est en caractères de trois centimètres, dominant ses six colonnes de première page, qu'elle annonce cette grande victoire du roumanisme : *La chute de L. Sainéan à la Chambre.*

«Tous les cœurs roumains ont tressailli d'une immense joie...» Nous ne parodions pas, nous citons. «Nos aïeux ont tressailli de joie dans leurs tombes... O Vladimir ! ombre sainte du roumanisme, et vous, Mircea, Etienne et Michel !...». Inutile de poursuivre.

45 voix accordaient la naturalisation à M. Sainéan, 48 voix la lui ont refusée. Il avait déjà passé par là.

On ne veut pas admettre au foyer roumain un homme qui sera, quand même et toujours, un *auteur roumain*, qui a étudié et compris l'âme paysanne roumaine, dont un ouvrage a été publié aux frais de l'Académie roumaine. Nous avouons ne plus comprendre.

Qu'on me permette de clore cette brochure par la lettre suivante :

Bucarest, le 9 Janvier 1901.

Monsieur,

L'échec réel, quoique fort atténué, que le vote de votre naturalisation vient d'essuyer à notre Chambre, n'a ni de quoi vous humilier, ni de quoi vous affliger.

Tout ceux qui s'occupent de philologie roumaine et romane, apprécient à leur juste valeur les publications qui vous placent au premier rang de nos philologues nationaux, et même à un rang très distingué parmi les philologues européens.

L'Académie roumaine a couronné un de vos ouvrages sur *les Contes populaires...*

Ceux donc, qui, comme moi, sans être philologue de profession, allient une passion profonde pour la linguistique à un esprit de tolérance égal, ne peuvent que se sentir indignés du vote de la Chambre. Et mon indignation est dûe uniquement à l'esprit de justice. Je suis peu philosémite ; mais je le redeviens, et j'ai presque envie de me jeter dans le camp opposé, dès qu'on mêle l'antisémitisme à des questions auxquelles il doit avoir à cœur de se montrer et de demeurer tout à fait étranger.

En accordant à votre naturalisation si légitime, si fort en rapport avec vos mérites, 43 suffrages contre 48, notre Chambre a entendu rendre hommage à un érudit, à un travailleur, à un linguiste philosophe, adorateur de la vérité, ne cultivant qu'elle, et que la postérité sera heureuse de classer parmi nos premiers savants.

Je suis fier de me rallier à cette glorieuse minorité.

Un homme, Monsieur, qui ne vous connais pas, mais qui sera satisfait et honoré de vous connaître.

prince **Alexandre Bibesco**

Licencié ès lettres de la Faculté de Paris,
Ancien Président de la Société de Linguistique de Paris.

www.ingramcontent.com/pod-product-compliance
Lightning Source LLC
LaVergne TN
LVHW022022080426
835513LV00009B/839

9782012821057